Sylvia Nickel

D1987091

Ich-AG

Wege in die berufliche Selbstständigkeit

POCKET BUSINESS

Cornelsen

Die Autorin
Sylvia Nickel ist freiberufliche Unternehmensberaterin und Trainerin für den Mittelstand. Ihre Themenfelder: Start-up, Marketing und Loss Prevention.

Die Internet-Adressen und -Dateien, die in diesem Buch angegeben sind, wurden vor Drucklegung geprüft (Stand: Januar 2004). Der Verlag übernimmt keine Gewähr für die Aktualität und den Inhalt dieser Adressen und Dateien und solcher, die mit ihnen verlinkt sind.

Verlagsredaktion: Annette Preuß
Grafik und technische Umsetzung: Holger Stoldt, Düsseldorf
Umschlaggestaltung: Katrin Nehm
Titelfoto: © Hans Reinhard/dpa Picture-Alliance

Cornelsen online www.cornelsen-berufskompetenz.de

1. Auflage Druck 4 3 2 1 Jahr 07 06 05 04

Druck: Lengericher Handelsdruckerei

ISBN 3-589-21947-5

Bestellnummer 219475

Gedruckt auf säurefreiem Papier, umweltschonend hergestellt aus chlorfrei gebleichten Faserstoffen.

Vorwort

Eine kleine, handliche und dennoch tiefgreifende Einführung in den komplexen Bereich „Existenzgründung“ verlangt vom Autor, die Brücke zwischen betriebswirtschaftlichem Anspruch und ablauftechnischen Problemen in der Gründungspraxis zu schließen.

Das vorliegende Buch versteht sich nicht als Sammlung von allgemeinen Checklisten. Es weist auf mögliche Problembereiche hin und soll Gründungsinteressierte sensibilisieren. Denn:

> Nie wieder werden Sie so viel Zeit haben, über Ihr Unternehmen nachzudenken, wie in der Konzeptions- und Gründungsphase.

Mein besonderer Dank gilt allen Existenzgründern, die ich als Dozent und Berater, wissenschaftlicher Mitarbeiter und Unternehmer seit 1992 persönlich, per E-Mail und anderen Medien sowie in diesbezüglichen Workshops begleitet habe.

Durch sie entstand ein Spektrum wesentlicher Fragen zur Selbstständigkeit, welches in diesem Buch beantwortet wird.

Halle, im Januar 2004 Sylvia Nickel

Inhaltsverzeichnis

Motivation zur Existenzgründung

Unternehmer sind seit Urzeiten der Motor jeder Wirtschaft. Sie übernehmen Verantwortung und tragen Risiken. Sie ernten Erfolg und sind meist mit ihrer Arbeit selbst zufrieden. Immer mehr Menschen schaffen sich eine Existenz als Unternehmer. Für sie steht der Leitsatz fest: Ich werde mein Arbeitgeber. Dabei ist der Weg in die selbstständige Existenz – als Gewerbetreibender, Handwerker oder Freiberufler – weniger durch die Not oder den Verlust des Arbeitsplatzes als viel mehr durch die Suche nach „Arbeit mit Sinn“ verbunden.
In Deutschland gibt es rd. 3,6 Mio. Unternehmer, darunter rd. 28 Prozent Unternehmerinnen. Jährlich kommen 780 000 hinzu und rd. 720 000 geben auf – altersbedingt, erfolgsbedingt, motivationsbedingt.
Unternehmer sind nicht nur „Großindustrielle“ – Studien des Instituts für Mittelstandsforschung (IfM) zufolge gehören rd. 99 % aller Unternehmen zu den kleinen und mittleren Unternehmen (KMU), für die 70 % aller Beschäftigten rund die Hälfte aller Umsätze erwirtschaften und dabei rd. 83 % aller Lehrlinge ausbilden. Dazu gehört auch die „Ich-AG“. Sie befinden sich also in der guten Mehrheit der Unternehmerschaft, auch wenn Sie Ihre Existenzgründung ohne weitere Mitarbeiter planen.

Jeder vierte Existenzgründer startet heutzutage aus der Arbeitslosigkeit. Jeder dritte Existenzgründer scheitert innerhalb der ersten drei Jahre. Nicht zuletzt deshalb wird Existenzgründern aus der Arbeitslosigkeit heraus eine soziale Absicherung angeboten: Existenzgründer sind aus dem Arbeitslosengeldempfang (Arbeitslosenhilfeempfang) heraus bis zu vier (drei) Jahre nach dem letzten Bezugstag dieser Leistungen sozial abgesichert, sodass binnen dieser Frist ein unternehmerisches Scheitern zur Einstufung in die letzte Eingruppierung der Entgeltersatzleistungen führt.
Sie können nur gewinnen! Mögliche Wege zur Ihrer Existenzgründung finden Sie auf den folgenden Seiten.

1 Ich = Arbeitgeber?

Persönliche Entscheidungen und Voraussetzungen

1.1 Über die „Ich-AG" und andere Gründungsmöglichkeiten

Rd. 260.000 Menschen entschieden sich im Jahr 2003 für eine Existenzgründung. Dabei erfolgten rd. 42 % der Gründungen im Dienstleistungsbereich und rd. 41 % in Handel und Gastronomie. Knapp 92.000 Gründer wählten die „Ich-AG". Das sind 35 % aller Gründungen und 37 % der Gründungen aus der Arbeitslosigkeit.
Der Weg vom Arbeitnehmer zum Unternehmer ist durch mehrere Phasen gekennzeichnet. Diese geben auch die Struktur des Buches vor.

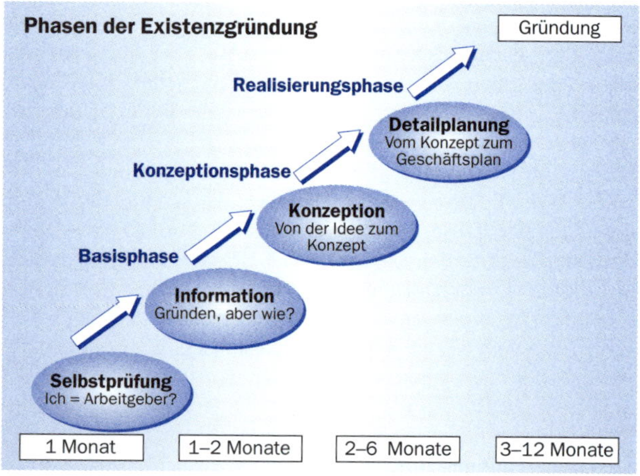

Gründungsphasen

- Eine Existenzgründung setzt feste Vorstellungen über die selbstständige Tätigkeit voraus. Diese Phase der Selbstprüfung und Information umfasst die Ordnung persönlicher Ziele sowie die Suche nach Gründungsmöglichkeiten.
- Die Basisphase ist durch die generelle Information über Gründungsmöglichkeiten, Chancen und Risiken sowie erste mögliche Ideen gekennzeichnet.
- Die Konzeptionsphase dient der Entwicklung eines Grobkonzepts für Leistungsprogramm, Marketinginstrumente sowie Entscheidung über die tatsächliche Realisierung.
- Mit der Realisierungsphase wird die Existenzgründung durch Anmeldung des Gewerbes, Eröffnung von Geschäftskonten, Anmietung von Geschäftsräumen usw. vollzogen.

Was ist die „Ich-AG"?

Als „Ich-AG“ wird ein Existenzgründungszuschuss bezeichnet, der ab dem 1. Januar 2003 – zunächst bis zum Jahr 2005 befristet – insbesondere die Gründung von Kleinstunternehmen mit einem maximalen Jahresarbeitseinkommen von 25.000 € fördern soll. Auch bei der Gründung als „Familien-AG“ gilt diese Höchstgrenze; als mitarbeitende Familienangehörige gelten Ehegatten, Verwandte und Verschwägerte bis zum zweiten Grad sowie Pflegekinder des Gründers bzw. seines Ehegatten.
Das Arbeitseinkommen aus einer selbstständigen Tätigkeit ist der nach den allgemeinen Gewinnermittlungsvorschriften des Einkommensteuerrechts ermittelte Gewinn (§ 15 SGB IV) einschließlich der Arbeitsentgelte (§ 14 SGB IV). Hierzu § 15 Abs. 1 SGB IV:

> „Arbeitseinkommen ist der nach den allgemeinen Gewinnermittlungsvorschriften des Einkommensteuerrechts ermittelte Gewinn aus einer selbstständigen Tätigkeit.“

Hinzu treten Löhne und Gehälter, welche die „Ich-AG“ aus abhängiger Beschäftigung erhält, z.B. im Rahmen eines zusätzlichen „Mini-Jobs“.

Die gesetzliche Grundlage für diesen Existenzgründungszuschuss findet sich in § 421 l SGB III und in Artikel 1 Nr. 5 des 2. Arbeitsmarktgesetzes sowie in Artikel 7 a des Kleinunternehmerförderungsgesetzes (KFG).
Die „Ich-AG" ist umsatz- und gewerbesteuerbefreit und hat regelmäßig die Rechtsform des Einzelunternehmens: Der Unternehmer haftet mit seinem gesamten Vermögen. Diese Rechtsform wird Angaben des Bundesfinanzministeriums (BMF) nach von rd. 71 % aller Unternehmen gewählt.

Wer wird gefördert?

Gefördert werden Empfänger von Entgeltersatzleistungen der Bundesagentur für Arbeit (BA), also von Arbeitslosengeld, Arbeitslosenhilfe, Unterhaltsgeld sowie Leistungen im Rahmen von Arbeitsbeschaffungs- oder Strukturanpassungsmaßnahmen.

Mobile Dienste	Sonstige Dienste
◆ „Computerdoktor" und PC-Notdienst	◆ (Nachhilfe-)Lehrer
◆ „Fahrraddoktor"	◆ Anlageberater
◆ Betreuungsdienste	◆ Blumengeschäft
◆ Einkaufs- und Erledigungsdienste	◆ Bügel-/Wäscheservice
◆ Event-Organisator,	◆ Diätassistent
◆ Fenster- und Gardinendienst	◆ Dozenten
◆ Gartenpflege	◆ Energieberater
◆ Handelsmakler/-reisende	◆ Event-Berater
◆ Hausmeisterdienst	◆ Fitnesstrainer
◆ Mietkoch	◆ Imbissstand
◆ Mobile Hair-Stylisten	◆ Kioske
◆ Mobile Kfz-Reinigungsdienste	◆ Kreditberater
◆ Mobile Nagel-Studios	◆ Physiotherapeut
◆ Mobile Pflegedienste	◆ Rating-Berater
◆ Mobiler Chauffeurdienst	◆ Schreibservice
◆ Mobiler Getränkeservice	◆ Schuldnerberater
◆ Not- und Kleinreparaturdienst	◆ Trainer
◆ Reinigungsdienste	◆ Übersetzungsservice
◆ Unterhaltungskünstler	◆ Versicherungsagenten/-makler
	◆ Vorsorgeberater

Beispiele für mögliche „Ich-AGs"

Gründer einer „Ich-AG" sind Kleinunternehmer im Inland, welche Arbeitgeber und Arbeitnehmer in einer Person sind und die durch die Aufnahme einer selbstständigen Tätigkeit mit mindestens 15 Stunden wöchentlicher Betätigung ihre Arbeitslosigkeit beenden.
Im Gegensatz zu vielen freiberuflichen Bereichen, in welchen diese Personen häufig als „Freelancer" (Freier Mitarbeiter) bezeichnet werden, sind „Ich-AGs" regelmäßig im Bereich „moderner Dienstleistungen", also gewerblich angesiedelt. Hierzu gehören Kleingewerbetreibende ohne weitere Angestellte bzw. mit geringfügig Beschäftigten. Prinzipiell stehen den Gründern einer „Ich-AG" alle Möglichkeiten einer selbstständigen Tätigkeit im Rahmen der rechtlichen Rahmenbedingungen (Handwerksordnung, Gewerberecht) offen.

Wie wird gefördert?

Der Gründer einer „Ich-AG" oder einer „Familien-AG" erhält einen Existenzgründungszuschuss nach § 421 l SGB III in der Höhe von monatlich 600,00 € im ersten Jahr, im zweiten (bzw. dritten) Jahr auf Antrag monatlich 360,00 € (bzw. 240,00 €), also in der maximalen Gesamthöhe von 14.400,00 €.
Der Existenzgründungszuschuss ist eine steuerfreie Einnahme und unterliegt nicht dem Progressionsvorbehalt (§ 3 EStG). Er wird jährlich beantragt und monatlich gezahlt.

Als Voraussetzungen für den Antrag gelten:

- Für das 1. Förderjahr: Maßgeblich sind Angaben im Antrag zur Gründung einer „Ich-AG" sowie die Gewerbeanmeldung bzw. die Bestätigung über den Eintrag in der Handwerkerrolle bzw. die Bestätigung der Anzeige einer freiberuflichen Tätigkeit durch das Finanzamt. Bei Bewilligung erfolgt eine Information des zuständigen Rentenversicherungsträgers über die Aufnahme einer „Ich-AG".
- Für das 2. Förderjahr ist eine Plausibilitätsprüfung des voraussichtlichen Arbeitseinkommens auf der Basis einer

Einnahmenüberschussrechnung bzw. einer Gewinn- und Verlustrechnung für die ersten zehn Monate des ersten Förderjahres notwendig.

- Für das 3. Förderjahr tritt neben die Plausibilitätsprüfung für die ersten zehn Monate des 2. Förderjahres der Einkommensteuerbescheid für das Kalenderjahr des Förderbeginns sowie ggf. für das Folgejahr hinzu.

Vom Existenzgründungszuschuss bzw. vom erzielten Arbeitseinkommen müssen die Sozialversicherungsbeiträge bezahlt werden. Für die gesetzliche Kranken-, Pflege- und Rentenversicherung muss der Gründer rd. 50 % des üblichen Regelsatzes abführen. Er ist somit vom Arbeitgeberanteil befreit.

Die „Ich-AG" kann für die Dauer des Existenzgründungszuschusses nicht aus der gesetzlichen Rentenversicherung austreten.

Möglich ist jedoch der Wechsel in die private Kranken- und Pflegeversicherung; diese wird den üblichen Tarif zugrunde legen – eine Sonderregelung für die „Ich-AG" besteht bei der privaten Krankenversicherung nicht.
Bei Vorliegen von Vorbeschäftigungszeiten kann auch die Mitgliedschaft in der gesetzlichen Krankenversicherung freiwillig beibehalten werden. Die Beitragshöhe in der gesetzlichen Krankenversicherung bemisst sich nach dem prognostizierten Arbeitseinkommen, welches mindestens 400,00 € monatlich und maximal 25.000,00 € jährlich umfasst. Bei der „Ich-AG" werden als beitragspflichtige Einnahmen das Sechzigstel der monatlichen Bezugsgröße zu Grunde gelegt (§ 240 SBG V).

Bei einem Beitragssatz von 14,4 % und einer Bezugsgröße von 2.083,33 € (jährlich: 25.000,00 €) leitet sich folgender monatlicher Mindestbeitrag ab:

$$\frac{2.083{,}33\ €}{60} \cdot 30\ \text{Tage} \cdot 14{,}4\ \%\ \text{Beitragssatz} = 150{,}00\ €\ \text{Monatsbeitrag}$$

Liegt das durchschnittliche Arbeitseinkommen in den ersten drei Jahren höher als bei der Beitragsfestsetzung geschätzt, müssen höhere Beiträge entrichtet und ggf. nachgezahlt werden, falls die ursprüngliche Beitragseinstufung unter Vorbehalt erfolgt ist.

Wenn Sie mit einem geringeren Arbeitseinkommen als 25.000 € jährlich rechnen, beantragen Sie die Festsetzung auf Ihr prognostiziertes Arbeitseinkommen.

„Zu viel" gezahlte Beiträge werden im gesetzlichen Sozialversicherungssystem nicht zurückerstattet.

	„Ich-AG"-Einkommen	Untergrenze		Obergrenze	
		monatlich	jährlich	monatlich	jährlich
	Umsatz	nach Einnahmenüberschussrechnung			
–	Betriebsausgaben				
=	Arbeitseinkommen	400,00 €	4.800,00 €	2.083,33 €	25.000,00 €
–	Krankenversicherung 14,4 %[1)]	28,80 €	345,60 €	150,00 €	1.800,00 €
–	Pflegeversicherung 1,7 %[2)]	3,40 €	40,80 €	17,71 €	212,50 €
–	Rentenversicherung 19,5 %[3)]	39,00 €	468,00 €	203,13 €	2.437,50 €
–	Unfallversicherung	privat zu tragen (keine Versicherungspflicht)			
–	ESt[4)]	0,00 €	0,00 €	289,75 €	3.477,00 €
=	Nettoarbeitseinkommen	328,80 €	3.945,60 €	1.422,74 €	17.072,88 €
	einschließlich Existenzgründungszuschuss nach § 421 I SGB III:				
=	im 1. Jahr	928,80 €	11.145,60 €	2.022,74 €	24.272,88 €
=	im 2. Jahr	688,80 €	8.265,60 €	1.782,74 €	21.392,88 €
=	im 3. Jahr	568,80 €	6.825,60 €	1.662,74 €	19.952,88 €

1) Die gesetzliche Krankenversicherung bemisst sich auf das Sechzigstel der monatlichen Bezugsgröße (fiktive Mindesteinnahme gem. § 249 SGB V). Dies ist mit der Anzahl der Tage (30) und dem jeweiligen Beitragssatz (hier: 14 %) zu multiplizieren
2) Die Pflegeversicherung bemisst sich bei gesetzlich Versicherten entsprechend der Krankenversicherung; der Beitragssatz beträgt nach § 55 SGB XI 1,7 %. Die „Ich-AG" hat demnach einen entsprechend verminderten Beitragssatz zu entrichten.
3) Der monatliche Regelsatz beträgt 232,05 € in den alten und 194,52 € in den neuen Bundesländern. Wahlweise kann für die Dauer des Existenzgründungszuschusses ein einkommensabhängiger Beitrag zwischen dem Mindest- und dem Höchstbeitrag entrichtet werden (63,38 € bis 994,50 €). Die monatliche Bezugsgröße ist hierfür zu halbieren und mit dem Beitragssatz (derzeit: 19,5 %) zu multiplizieren.
4) Nach der Grundtabelle 2003. Angaben ohne Gewähr und vorbehaltlich weiterer steuermindernder Werbeausgaben, Sonderausgaben und außergewöhnlichen Belastungen. Solidaritätszuschlag nicht berücksichtigt.

„Ich-AG"-Existenzgründungszuschuss und Sozialabgaben

Die „Ich-AG“ ist also auf ein verfügbares Nettoeinkommen zwischen 568,80 € und 2.022,74 € ausgelegt. Oder anders: Vom monatlichen Existenzgründungszuschuss in Höhe von 600,00 € im ersten Jahr müssen 71,12 € bis 370,84 € an Sozialversicherungen bezahlt werden. Auch wenn Sie eine andere Gründungsmöglichkeit wählen: Kranken- und Altervorsorge, ob privat oder gesetzlich, sind in jedem Fall zu tragen.

Was passiert nach der „Ich-AG"?

Die „Ich-AG“ kann durch Ablauf der Förderung oder Überschreiten der Einkommens- bzw. Gewinngrenze in ein Unternehmen mit freier Rechtsformwahl (also auch in eine Kapitalgesellschaft) übergehen oder durch Betriebsaufgabe eingestellt werden.

- Nach maximal dreijähriger Förderung der „Ich-AG“ wird diese automatisch ein „normaler“ Kleinunternehmer; hierdurch entfallen die Privilegien der verminderten Regelsätze in der Kranken-, Pflege- und Rentenversicherung. Der „Ich-AG“-Unternehmer hat nun die Wahl, freiwillig in der gesetzlichen Rentenversicherung zu verbleiben oder sich privat abzusichern.
- Das Überschreiten des maximalen Arbeitseinkommens von 25.000,00 € jährlich hat weitreichende Folgen:
  - Entfallen des Existenzgründungszuschusses für das Folgejahr, jedoch ohne Rückzahlungsverpflichtung,
  - Beitragspflicht in der IHK bzw. HWK,
  - private Altersvorsorge oder freiwillig gesetzliche Rentenversicherung,
  - private Kranken- und Pflegeversicherung oder voller Versicherungsbeitrag in der gesetzlichen Krankenversicherung (derzeit rd. 14,4 % bzw. 1,7 % gem. § 55 SGB XI auf das Vierzigstel der monatlichen Bezugsgröße),
  - Gewerbesteuerpflicht.
- Die Expansion der „Ich-AG“ durch Einstellung von Mitarbeitern hat nur dann Folgen, wenn das Jahresarbeitsein-

kommen (Betriebsgewinn zzgl. Arbeitsentgelte des „Ich-AG"-Unternehmers) überschritten wird. Lediglich die IHK-/HWK-Beiträge entfallen bis einschließlich des vierten Jahres nach Existenzgründung, wenn der Gewinn nicht 25.000,00 € übersteigt. Hierdurch wird deutlich, dass die „Ich-AG" regelmäßig auf die Mitarbeit Dritter nur zur Vertretungszwecken angewiesen sein soll.

- Bei Scheitern der „Ich-AG" bzw. Betriebsaufgabe besteht Anspruch auf die Restdauer der Entgeltersatzleistungen (Arbeitslosengeld/-hilfe), welche vor Gründung bezogen wurden (§§ 147, 196 SGB III). Dafür ist das Gewerbe abzumelden und dies dem Arbeitsamt mitzuteilen.

Bereits erhaltene Zuschüsse müssen in den genannten Fällen nicht zurückgezahlt werden.

Die „Ich-AG" in Kürze

- Maximal 25.000,00 € Jahresarbeitseinkommen
- Mindesteinkommen monatlich 400,00 €
- Mindestens 15 Stunden Wochenarbeitszeit
- Keine Umsatzsteuerpflicht (Kleinunternehmerregelung gem. § 19 UStG)
- Keine Gewerbesteuer
- Keine Nachweispflicht unternehmerischer Grundkenntnisse
- Kein Geschäftsplan (Business Plan)
- Auf Antrag beim Finanzamt vereinfachte Buchführungspflichten: Einnahmenüberschussrechnung
- Mitarbeiter in geringem Umfang: Familienangehörige („Familien-AG") bzw. Dritte zu Vertretungszwecken
- Keine IHK-/HWK-Gebühren
- Sozialversicherungspflicht zu geminderten Beitragssätzen (rd. 50 %) während der Bezugszeit des Existenzgründungszuschusses
- Berechtigung auf alle Förderprogramme der Kreditanstalt für Wiederaufbau (KfW) und der deutschen Ausgleichbank (DtA)
- Verlust des Existenzgründungszuschusses ohne Rückzahlungsverpflichtung bei Überschreiten der jährlichen Arbeitseinkommensgrenze von 25.000,00 €

Wesentliche Regelungen für die „Ich-AG"

Alternativen zur „Ich-AG“

Die alternative Fördermöglichkeit zur Existenzgründung als „Ich-AG“ ist das Überbrückungsgeld (gem. § 57 SGB III). Dieses wird monatlich in Höhe des Arbeitslosengeldes bzw. der Arbeitslosenhilfe für eine Dauer von sechs Monaten gezahlt. Hinzu kommt ein prozentualer Zuschlag (rd. ein Drittel) der pauschalierten Sozialversicherungsbeiträge, die jeweils im ersten Halbjahr des Vorjahres abgeführt wurden (§ 57 Abs. 4 SGB III).
Dies führt in Abhängigkeit von der festgesetzten Sozialversicherungspauschale ab einer monatlichen Bezugshöhe der Entgeltersatzleistung von rd. 1.800,00 € zu einem höheren Förderbetrag im Vergleich zum maximalen Existenzgründungszuschuss der „Ich-AG“ (14.400,00 €):

$$\left(1.800\,€ + \frac{1.800\,€}{3}\right) \cdot 6 = 14.400{,}00\,€$$

Bei der Entscheidung zwischen diesen beiden Alternativen sind jedoch auch folgende Rahmenbedingungen zu berücksichtigen:

- Das Überbrückungsgeld wird in voller Höhe nach einmaliger Antragstellung gewährt – die „Ich-AG“ muss diesen Antrag jährlich stellen; eine Ablehnung der weiteren Förderung ist durchaus möglich.
- Während des Bezugs von Überbrückungsgeld kann der Existenzgründer in das private System der Sozialversicherung einschließlich der Altersvorsorge wechseln – dem Gründer der „Ich-AG“ bleibt dies verwehrt.
- Der Bezug von Überbrückungsgeld ist weder an Umsatz- und Einnahmengrenzen noch an eine bestimmte Rechtsform des Unternehmens gebunden.

Vgl. Magazinseite „Ich-AG“ oder Überbrückungsgeld, S. 54/55.

1.2 Unternehmer in Deutschland

Rd. 3,9 Mio. Menschen oder 10,3 % der Arbeitsbevölkerung sind Unternehmer. Aber was bedeutet es, in Deutschland

Unternehmer zu sein? Zunächst einmal existiert eine Fülle an Vorschriften: Über 5.000 Gesetze und Verordnungen mit rd. 85.000 Einzelvorschriften „regeln" den Unternehmensalltag. Dass dies Existenzgründungen und Produktivität eher hindert als fördert, ist auch der Politik bewusst. Sie hat deshalb eine Reihe von Erleichterungen, insbesondere für kleine und mittelständische Unternehmen (KMU), in die Wege geleitet.

„pro mittelstand" und „Small Business"

Die Bezeichnung „Mittelstand" existiert ausschließlich in Deutschland; international wird von „Small Business" gesprochen, wenn ein Unternehmen weniger als 100 bis 500 Beschäftigte hat. Der „Small Business" ist also schwer fassbar.

Mit Pressemitteilung vom 15. Januar 2003 durch das Bundesministerium für Wirtschaft und Arbeit (BMWA), wurde die Initiative „pro mittelstand" bekannt gegeben, zu der auch die „Ich-AG" im Rahmen des „Small Business Act" gehört. Die Initiative umfasst folgende Elemente:

- „Small Business Act": Dieser Maßnahmenplan enthält
  - den Existenzgründungszuschuss („Ich-AG"),
  - die Befreiung von der Umsatzsteuer bei Betriebseinnahmen bis zu 17.500,00 € im Rahmen des Kleinunternehmerförderungsgesetzes (KFG),
  - die Befreiung von der Zahlungspflicht für IHK-/HWK-Beiträge für alle Existenzgründer bis einschließlich des vierten Jahres nach Gründung, wenn der Gewinn bzw. Einnahmenüberschuss nicht 25.000,00 € übersteigt,
  - Lockerung der Handwerksordnung zur Förderung handwerklicher Existenzgründungen; demnach können Gesellen in ausgewählten Handwerksbereichen auch ohne Meisterbrief einen Handwerksbetrieb eröffnen.
- Finanzierung des Mittelstandes über verbesserte Bedingungen der Förderinitiative „Mittelstandsbank" von KfW und der DtA.

- „Masterplan Bürokratieabbau“ durch Prüfung der vorhandenen Regelungen auf ihre Notwendigkeit sowie die Zulassung elektronischer Erklärungen gegenüber Behörden.
- „Innovation und Zukunftstechnologien im Mittelstand“: Förderung innovativer Unternehmen durch Technologietransfer.
- „Außenwirtschaftsoffensive“: Auslandsmesseförderung und Beschleunigung von staatlichen Ausfuhrgewährleistungen durch HERMES-Bürgschaften.

Die „Ich-AG“ genießt ein Sonderrecht im Rahmen des Umsatzsteuerrechts: Für sie ist mit maximal 25.000 € Jahresarbeitseinkommen die Kleinunternehmerregelung des § 19 UStG für das erste Jahr bindend; Umsatzsteuer ist nicht zu erheben und Vorsteuerbeträge können nicht abgesetzt werden. Zeichnet sich die dauerhafte Überschreitung der Umsatzsteuerpflichtgrenze von 17.500,00 € im vergangenen Wirtschaftszeitraum und von 50.000,00 € im aktuellen Wirtschaftszeitraum aus, unterliegt auch die „Ich-AG“ der Umsatzsteuerpflicht.

Eine gesetzliche Sozialversicherung auch für den Kleinunternehmer nach § 19 UStG vorausgesetzt, ergeben sich folgende Vorteile für die „Ich-AG“ bei der Umsatzsteuerbefreiungsgrenze von 17.500,00 € Umsatz jährlich (§ 19 UStG):

		„Ich-AG“	Kleinunternehmer
	Grundlage	426 I SGB III	§ 19 UStG
	Betriebseinnahmen[1)]	17.500,00 €	17.500,00 €
–	Betriebsausgaben[2)]	5.250,00 €	5.250,00 €
=	Einnahmenüberschuss[3)]	12.250,00 €	12.250,00 €

1) Grenze für die Umsatzsteuerbefreiung gem. § 19 UStG.
2) Hier 30 % des Umsatzes unterstellt.
3) Einnahmenüberschuss als Gesamtheit des Arbeitseinkommens.

„Ich-AG“ und Kleinunternehmer im Vergleich: Teil 1

((Forts.))	„Ich-AG“	Kleinunternehmer
GKV (14 %)[4]	858,00 €	1.286,25 €
+ GPV (1,7 %)[4]	104,00 €	156,12 €
+ GRV (19,5 %)[5]	1.194,38 €	2.388,75 €
$\sum$ Sozialabgaben	2.156,38 €	3.831,12 €
Einkommensteuer[6]	620,00 €	251,00 €
Nettoarbeitseinkommen[7]	9.473,62 €	8.167,8 €

4) Die gesetzliche Krankenversicherung bemisst sich bei der „Ich-AG“ auf das Sechzigstel, bei übrigen Selbstständigen auf Antrag auf das Vierzigstel der monatlichen Bezugsgröße. Die gesetzliche Pflegeversicherung bemisst sich auf dieselben Größen.
5) Die „Ich-AG“ genießt eine 50%ige Beitragsreduktion.
6) Basis: Grundtabelle 2003, Angaben ohne Gewähr und vorbehaltlich weiterer steuermindernder Werbeausgaben, Sonderausgaben und außergewöhnlichen Belastungen. Solidaritätszuschlag nicht berücksichtigt.
7) Einnahmenüberschuss abzgl. Sozialabgaben abzgl. Einkommensteuer = Nettoarbeitseinkommen. Zzgl. Existenzgründungszuschuss = Nettoeinkommen.

„Ich-AG“ und Kleinunternehmer im Vergleich: Teil 2

Die „Ich-AG“ wird im Vergleich zum Kleinunternehmer mit weniger Sozialabgaben belastet. Hinzu tritt der monatliche Existenzgründungszuschuss.
Zu berücksichtigen ist die zeitliche Begrenzung dieses Vorteils: Nach maximal dreijähriger Förderung entfallen die Vorzüge verminderter Sozialabgaben. Soll das Nettoeinkommen nach Ablauf der Förderung konstant bleiben, so müssen die Umsätze binnen drei Jahren um bis zu 90 % gesteigert werden.

Lohnt sich das Unternehmertum?

Das Arbeitseinkommen eines Unternehmers ist nicht mit dem Brutto- oder gar dem Nettoeinkommen eines Arbeitnehmers zu vergleichen: Der Unternehmer trägt seine „Arbeitgeberanteile“ zu den Sozialversicherungen selbst und kann darüber hinaus ein Wahlrecht zur privaten Vorsorge ausüben.

Privatentnahmen des Unternehmers

Nr.	Position	Beispiel	Ihre Daten
	Wohnen & Leben		
01	Miete inklusive Nebenkosten	600,00 €	€
02	Strom, Gas	50,00 €	€
03	GEZ, Kabelfernsehen, Privat-TV	50,00 €	€
04	Telefon & Internet (privat)	50,00 €	€
05	Lebensunterhalt (Ernährung, Kleidung usw.)	430,00 €	€
06	Benzin & Kfz-Pflege (privat)	50,00 €	€
	Σ Wohnen & Leben		
	Versicherungen		
07	Hausratversicherung	10,00 €	€
08	Lebensversicherung	50,00 €	€
09	Haftpflichtversicherung	10,00 €	€
10	Private Krankenversicherung	250,00 €	€
11	Private Pflegepflichtversicherung	25,00 €	
12	Unfallversicherung	20,00 €	
13	Kfz-Versicherung (privat)	80,00 €	€
14	Kfz-Steuer (privat)	30,00 €	€
	Σ Versicherungen		
	Mitgliedschaften/Abonnements		
15	Zeitschriften	30,00 €	€
16	Sportverein	20,00 €	€
17	Kulturverein	10,00 €	€
18	Förderverein	10,00 €	€
19	Weiterbildung	50,00 €	€
	Σ Mitgliedschaften usw.		
	Anlage		
20	Fondsparen	200,00 €	€
21	Altersvorsorge	500,00 €	€
	Σ Anlage		
	Kredite		
22	Privat-Pkw	150,00 €	€
23	Möbel	100,00 €	€
	Σ Kredite		
24	Σ monatlich	2.775,00 €	€
25	Σ jährlich	33.300,00 €	€
26	hierauf ESt inkl. Soli (hier: Klasse 1, ledig, keine Kinder)	6.906,00 €	€
27	Privatentnahmen jährlich	40.206,00 €	€
28	Privatentnahmen monatlich	3.350,50 €	€

Privatentnahmen des Unternehmers

Um das notwendige Einkommen ermitteln zu können, sind die tatsächlichen Ausgaben aufzulisten, welche der Unternehmer in einer Personengesellschaft üblicherweise privat entnimmt. Eine beispielhafte Aufzählung, die Sie mit Ihren Daten ergänzen können (rechte Spalte), finden Sie auf der linken Seite. Werden die monatlichen Privatentnahmen um die Kranken- und die Pflege(-pflicht)versicherung sowie die Altersvorsorge bereinigt, kann man von einem Nettoeinkommen sprechen. Dieses kann mit dem eines Arbeitnehmers verglichen werden (Angaben in €):

Nr.	Position	ArbN	Unternehmer	Ihre Daten
01	Bruttoeinkommen	3.673,65	3.350,50	
02	Lohn-/Einkommensteuer	880,50	545,60	
03	Solidaritätszuschlag	48,42	29,90	
04	Kirchensteuer (keine)	0,00	0,00	
05	Krankenversicherung	241,50 (14 %)	250,00 (privat)	
06	Pflegeversicherung	29,33 (1,7 %)	25,00 (privat)	
07	Rentenversicherung	354,51 (19,5 %)	500,00 (privat)	
08	Arbeitslosenversicherung	119,39	0,00 (entfällt)	
09	**NETTOEINKOMMEN**	**2.000,00**	**2.000,00**	
10	ArbG-Anteile zu 05-08	744,73	0,00	
11	Bruttokosten f. d. ArbG (01+10)	4.418,38	3.350,50	
12	Differenz		-1.067,86 (ca. - 25 %)	

Vergleich der Bruttolohnkosten von Arbeitnehmer und Unternehmer

Im Beispiel beträgt das Nettoeinkommen sowohl für Arbeitnehmer als auch für Unternehmer 2.000,00 € (Steuerklasse I, ledig, keine Kirchensteuer).
Der Arbeitnehmer mit diesem monatlichen Nettoeinkommen kostet jedoch seinen Arbeitgeber 4.418,38 € allein an Lohnkosten. Der privat versicherte Unternehmer ist gegenüber dem Arbeitnehmer um rund 25 % (1.067,86 €) günstiger! Diesen Zusammenhang kann man auch anders formulieren:

Wenn Sie mit einer Existenzgründung bei vergleichbarer sozialer Absicherung das gleiche Nettoeinkommen zur Verfügung haben wollen, dann benötigen Sie weniger als Ihr derzeitiges Bruttoeinkommen.

Würde sich der Unternehmer im gegebenen Beispiel freiwillig gesetzlich versichern, würden die Beiträge zur Kranken- und Pflegeversicherung rd. 600,00 € und zur Rentenversicherung rd. 653,00 € betragen.

Geringfügige Beschäftigung oder „Ich-AG"?

Manchmal stellt sich die Frage – beispielsweise auf Bitte des Arbeitgebers –, ob es sinnvoll ist eine geringfügige Beschäftigung in eine „Ich-AG" zu verwandeln.
Auch für diesen Vergleich müssen die Netto-Arbeitseinkommen miteinander verglichen werden. Im linken Bereich werden „Mini-Job" und „Ich-AG" verglichen, im rechten Bereich „Midi-Job" und „Ich-AG" (alle Angaben in €):

Nr.	Position	„Mini-Job"	„Ich-AG"	„Midi-Job"	„Ich-AG"
01	Bruttoarbeitseinkommen monatlich	400,00	487,00	800,00	781,24
02	Krankenversicherung	0,00	35,20		65,23
03	Pflegeversicherung	0,00	4,30	166,80	6,64
04	Rentenversicherung	0,00	47,50		76,17
05	**NETTO-ARBEITSEINKOMMEN**	**400,00**	**400,00**	**633,20**	**633,20**
06	Arbeitgeberanteile	100,00	0,00	166,80	0,00
07	Bruttoarbeitskosten	500,00	487,00	966,80	781,24
08	Differenz zu 07 in %		–2,60%		–26,52 %
	einschließlich des Existenzgründungszuschusses nach § 421 I SGB III				
09	1. Jahr monatlich		1.000,00		1.233,20
10	2. Jahr monatlich		760,00		993,20
11	3. Jahr monatlich		640,00		873,20

Vergleich der geringfügigen Beschäftigung mit der „Ich-AG"

Aus Arbeitgebersicht ergibt sich folgendes Bild: Bei einem geringfügigen Umfang selbstständiger Beschäftigung mit einem Nettoeinkommen von 400,00 € monatlich werden „Ich-AG“ und „Mini-Job“ nahezu gleichmäßig belastet.
Beim Vergleich von „Midi-Job“ (Bruttoverdienst 400,01 € bis 800,00 €) und „Ich-AG“ wird der Vorteil für den Arbeitgeber deutlicher: Die Sozialabgaben der „Ich-AG“ mit 633,20 € Nettomonatseinkommen (800,00 €-„Midi-Job“) betragen nur rd. 19 % im Vergleich zu 25 %, die ein Arbeitgeber auf Löhne im Rahmen geringfügiger Beschäftigung abzuführen hat: Die „Ich-AG“ ist insgesamt kostengünstiger als der „Midi-Job“.

Die Arbeitgeberanteile beim Mini-Job (bis 400,00 €) betragen 11 % für die Krankenversicherung, 12 % für die Rentenversicherung und 2 % für Steuern, in denen auch Solidaritätszuschlag und Kirchensteuer enthalten sind.
In der Gleitzone zwischen 400,01 € und 800,00 € besteht gleitender Arbeitnehmeranteil von 4,15 % bis 20,85 % am Gesamtsozialversicherungsbeitrag; der Arbeitgeberanteil beläuft sich je nach der vom Arbeitnehmer gewählten Krankenkasse auf rd. 21 % („Midi-Job“ nach § 20 Abs. 2 SGB IV bzw. Artikel 2 Nr. 5 des 2. Arbeitsmarktgesetzes).

Aus Arbeitnehmersicht muss beachtet werden: Die Wahl zwischen Selbstständigkeit in der Form der „Ich-AG“ und „Mini-Job“ oder „Midi-Job“ sollte nicht von Zuschüssen oder den Sozialversicherungsbeiträgen abhängig gemacht werden. Denn neben der fehlenden Absicherung hinsichtlich Kündigung und Ansprüchen gegenüber dem Arbeitgeber verlangt die berufliche Selbstständigkeit eine persönliche Eignung. Das bedeutet:
- Seine Ziele muss der Unternehmer selbst setzen und deren Erreichungsgrad prüfen.
- Sämtliche Arbeitsabläufe sind zu organisieren und in einem Zeitrahmen zu planen.
- Nicht immer können Familie und Freizeit wie geplant realisiert werden.

Sind Sie ein Unternehmertyp?

Die Entscheidung für oder gegen die berufliche Selbstständigkeit ist nicht nur von Fachkompetenz, Marktidee und Unternehmenskonzept abhängig, sondern insbesondere von den persönlichen Prioritäten.
Eine Entscheidung gegen die eigene berufliche Selbstständigkeit ist weder ein Eingeständnis fehlender Kompetenzen noch mangelnder Initiative, sondern:

Die Entscheidung pro oder contra berufliche Selbstständigkeit ist eine verantwortungsvolle und weitblickende Zukunftsentscheidung.

Prüfen Sie selbst, ob Sie ein Unternehmertyp sind. Nehmen Sie Stellung zu den folgenden Aussagen:

Auswertung
Multiplizieren Sie Ihre Antworten jeweils mit folgender Punktzahl:
„Ja": 2 Punkte — „teilweise": 1 Punkt — „Nein": 0 Punkte

0 – 20 Punkte: Persönlicher Maximierer
Ihre Fähigkeiten werden in der abhängigen Beschäftigung besser gefördert als in einem turbulenten Umfeld als Unternehmer. Sie maximieren Ihre persönlichen Lebensziele, die durchaus vom Beruf getrennt sein können.
20 – 29 Punkte: Zwischen den Stühlen
Als Spezialist sind Sie sich Ihrer Stärken bewusst. Ob eine Selbstständigkeit nicht eher eine Ablenkung von Ihren beruflichen Kompetenzen bedeutet, sollten Sie durch weitere Informationen zu ergründen versuchen.
30 – 40 Punkte: Entrepreneur
Sie bringen die persönlichen und beruflichen Voraussetzungen für einen Unternehmer mit. Sie setzten sich Ziele und verfolgen diese konsequent. Über die mit einer Gründung verbundenen persönlichen und finanziellen Herausforderungen sind Sie sich bewusst.

		Ja	teilweise	Nein
01	Arbeitstage mit 10 Stunden oder mehr belasten mich kaum.			
02	Mein Lebenspartner unterstützt mich in allen beruflichen Fragen.			
03	Selbstdisziplin ist für mich kein Fremdwort.			
04	Ich weiß schon am Abend, was am nächsten Tag zu tun ist.			
05	In den letzten drei Jahren war ich körperlich fit.			
06	Ein unregelmäßiges Einkommen ist für mich kein Hindernis, berufliche Ziele zu erreichen.			
07	Ich weiche unangenehmen Gesprächssituationen nicht aus.			
08	Mein finanzielles Polster erlaubt mir eine gewisse Unabhängigkeit.			
09	Ich vergrabe mich ungern hinter verschlossenen Türen an meinem Schreibtisch.			
10	Mein Lebenspartner kann auch zeitweise allein für den gemeinsamen Lebensunterhalt sorgen			
11	Meine beruflichen Erfahrungen kann ich vollständig in meiner Selbstständigkeit nutzen.			
12	Kaufmännische Fragen stellen kein Problem für mich dar.			
13	Ich weiß, wie ich auch in stressigen Zeiten meine Akkus auftanken kann, ohne meine Aufgaben zu vernachlässigen.			
14	Es gibt keine Probleme – nur Herausforderungen.			
15	Ich verfüge über Vertriebserfahrung.			
16	Ein einmal gestecktes Ziel verfolge ich konsequent bis zur Zielerreichung.			
17	Ich verfüge über Erfahrung in der Mitarbeiterführung.			
18	Mein Beruf ist meine Profession. Auch im Privatleben kennt jeder meine beruflichen Schwerpunkte.			
19	Ich kenne meine zukünftigen Kunden.			
20	Einen langfristig geplanten Urlaub verschiebe ich, wenn der Beruf es erfordert.			

- Die Zukunft ist nicht sicher, ebenso wenig wie die einkommenssichernden Aufträge von morgen.
- Außerdem gibt es unternehmerischen „Nebenpflichten“: Buchführung, Liquiditätsplanung, Unternehmensdarstellung, Mitarbeiterführung usw.

  Vielmehr gehören Eigenverantwortung, Durchhaltevermögen und Zielstrebigkeit zu den Entscheidungskriterien.

Alle diese Kriterien müssen in die Entscheidung „Selbstständig oder nicht?“ miteinbezogen werden.

1.3 Was Sie als Unternehmer wissen sollten

Im Vergleich zum Arbeitnehmerverhältnis tragen Selbstständige wesentlich mehr Verantwortung für ihre sozialen Belange. Der Lohn dafür sind größere Entscheidungsspielräume. Beispielweise unterliegen Unternehmer keinen besonderen Schutzrechten: Wer sieben Tage in der Woche und 365 Tage im Jahr arbeiten will, kann dies auch tun. Aber Achtung: Bei gesundheitlichem Kollaps wird nicht automatisch eine Kur bezahlt – es sei denn, Sie sichern sich freiwillig ab.

Wie erfolgt die Altersvorsorge?

Unternehmer können sich freiwillig in der gesetzlichen Rentenversicherung für die Altersvorsorge absichern.
Bestimmte Selbstständige sind rentenversicherungspflichtig (arbeitnehmerähnliche Selbstständige nach § 2 Satz 1 Nr. 9 SGB VI). Hierzu gehören u.a.:

- selbstständige Lehrer und Erzieher, die in ihrem Betrieb keine versicherungspflichtigen Arbeitnehmer beschäftigen,
- freiberufliche Hebammen und Entbindungspfleger,

- Selbstständige, die in der Kranken-, Wochen-, Säuglings- oder Kinderpflege tätig sind und in ihrem Betrieb keinen versicherungspflichtigen Arbeitnehmer beschäftigen,
- Selbstständige mit einem Auftraggeber, die im Zusammenhang mit ihrer selbstständigen Tätigkeit keinen versicherungspflichtigen Arbeitnehmer beschäftigen. Ein maßgeblicher Auftraggeber wird vermutet, wenn fünf Sechstel des Umsatzes mit diesem Auftraggeber realisiert werden.
- „Ich-AG", solange diese den Existenzgründungszuschuss bezieht.

Für pflichtversicherte Selbstständige gilt – unabhängig von der Form des Existenzgründungszuschusses oder anderer Förderungen –, dass sie in den ersten drei Jahren nach Aufnahme der selbstständigen Tätigkeit Beiträge zur Rentenversicherung nur auf ein Arbeitseinkommen entsprechend der halben monatlichen Bezugsgröße leisten (§ 165 Abs. 1 SBG VI). Die halbe monatliche Bezugsgröße beträgt:

- in Westdeutschland: $^1/_2 \cdot 2.380,00$ € = 1.190,00 €
- in Ostdeutschland: $^1/_2 \cdot 1.995,00$ € = 997,50 €

Bei einem Beitragssatz von 19,5 % im Jahr 2003 beträgt der monatliche Regelbeitrag:

- in Westdeutschland: 1.190,00 € · 19,5 % = 232,05 €
- in Ostdeutschland: 997,50 € · 19,5 % = 194,51 €.

Auf besonderen Antrag sind auch geringere Einkünfte – mindestens jedoch monatlich 400,00 € – die Bemessungsgrundlage für die Rentenbeiträge, sofern ein Nachweis über das niedrigere Arbeitseinkommen erbracht wird (§ 165 Abs. 1 SGB VI).

Nach Ablauf dieser drei Jahre kann freiwillig und wahlweise ein monatlicher Beitrag zwischen dem Mindestsatz (2003: 63,38 €) und dem Höchstsatz (2003: 994,50 €) entrichtet werden. Der Regelbeitrag bemisst sich dann auf die volle monatliche Bezugsgröße. Diese freiwillige gesetzliche Rentenversicherung können alle Existenzgründer und Selbstständige in Anspruch nehmen.

Binnen 5 Jahren nach Existenzgründung kann man freiwillig in das gesetzliche System der Altersvorsorge zurückkehren. Danach kann auf Antrag darüber entschieden werden.

Die private Altersvorsorge des Unternehmers ist im Vergleich zur gesetzlichen derzeit keinem Schutz vor Pfändung unterworfen: Im Fall eines Konkurses gehen die privaten Altersrücklagen in die Konkursmasse ein. Dies soll sich ändern: So ist geplant, den Teil der privaten Altersvorsorge von Pfändungen freizustellen, der eine maximale monatliche Rentenzahlung in Höhe von 1.500,00 € ermöglicht.

Als Alternativen der privaten Altersvorsorge stehen zur Verfügung (vgl. Checkliste: Versicherungen und Vorsorge, S. 98):

- Lebensversicherungen
- private Rentenversicherungen und Rentenfonds
- Aktien und Aktienfonds
- Immobilien
- Beteiligungen

Was passiert bei Arbeitsunfähigkeit?

Für die „Ich-AG“ gilt wie für andere Selbstständige auch, dass die Versicherung kraft Satzung der jeweiligen Unfallversicherungsträger sich auch auf Unternehmer erstrecken kann (§ 3 SGB VII).

Gegen Arbeitsunfähigkeit müssen Sie sich selbst absichern.

Der Versicherungsschutz sollte Ihnen auch bei Arbeitsunfähigkeit eine gesicherte Existenz gewähren. Eine Unfallversicherung ist nicht ausreichend, da lediglich 20 % aller Berufsunfähigkeitsfälle auf Unfälle zurückzuführen sind. Erkundigen Sie sich über eine geeignete Berufsunfähigkeits- und Unfallversicherung, die Ihnen im Versicherungsfall auch Ihre notwendigen Lebenshaltungskosten trägt.

Haftet auch der Ehepartner?

Mit Aufnahme einer selbstständigen Tätigkeit werden private von (notwendigen) betrieblichen Vermögensbestandteilen getrennt. Der Einzelunternehmer haftet mit seinem gesamten Vermögen; im Haftungsfall fließt also das private Vermögen des Unternehmers in die Haftungsmasse ein.

Das bedeutet jedoch nicht, dass das gesamte Vermögen der ehelichen Zugewinngemeinschaft der betrieblichen Haftungsmasse unterliegt. Im Gegenteil: Im Rahmen des gesetzlichen Güterstandes der Zugewinngemeinschaft wird – falls nichts anderes vereinbart wurde – angenommen, dass sich der Zugewinn jeweils zur Hälfte den Ehepartnern zuordnen lässt. Der selbstständige Ehepartner haftet also mit seinem Zugewinnanteil.
Die Unwissenheit über diese Vermögenstrennung wird bei Kreditvergaben häufig ausgenutzt: Mit dem Verweis, der Ehepartner hafte ohnehin mit, wird der nicht selbstständige Ehepartner zur Übernahme von Bürgschaften oder anderen Sicherheiten angehalten. Der Ehepartner haftet dann mit seinem Anteil an der Zugewinngemeinschaft nur im jeweiligen Umfang; dies muss jedoch nicht sein.

Im Falle einer Gütertrennung bezieht sich die gesetzliche Haftung auf die Vermögensbestandteile des Unternehmers. Ein Ehevertrag im Sinne einer Gütergemeinschaft, welcher Sonder- und Vorbehaltsgut vom Gesamtgut trennt, sowie eine rechtzeitige Übertragung nicht notwendiger betrieblicher Vermögensbestandteile auf den Ehepartner oder andere Beteiligte empfiehlt sich also weniger zur Minderung des Haftungsrisikos als vielmehr zur Vorbeugung der Vermögensauseinandersetzung bei Scheidung oder der Erbengemeinschaft beim Tod des Unternehmers.
Ohne Ehevertrag ist beispielsweise im Falle einer Scheidung der Zugewinngemeinschaft das entsprechende Betriebsvermögen zu veräußern oder zu belasten.

Der Ehepartner oder der Partner einer eingetragenen Lebensgemeinschaft kann hingegen auch dadurch das Existenzgründungsvorhaben belasten, dass seine Entgeltersatzleistungen oder die Hilfe zum Lebensunterhalt (Sozialhilfe) unter Berücksichtigung der Gewinnprognose sowie des Existenzgründungszuschusses/Überbrückungsgeldes berechnet werden.

... und wenn das Unternehmen scheitert?

Wer sich aus der Arbeitslosigkeit gründet, hat binnen folgender Fristen prinzipiell das Recht auf Wiederaufnahme in das beitragsgetragene System der Arbeitslosenversicherung:

> Als Gründer aus dem Arbeitslosengeld (Arbeitslosenhilfe) heraus sind Sie vier (drei) Jahre nach dem letzten Bezugstag der Entgeltersatzleistung sozial abgesichert, sodass unternehmerisches Scheitern zur Einstufung in die letzte Eingruppierung der Entgeltersatzleistungen führt (§§ 147, 196 SGB III).

Als Bezugszeitraum gelten nicht die Zeiträume, in denen Zuschüsse zum Lebensunterhalt für Existenzgründungen (Überbrückungsgeld oder „Ich-AG") geleistet wurden.

Wenn dieser Zeitraum überschritten ist, bleibt einem gescheiterten Unternehmer zunächst nur ein Schritt: der Gang zum Sozialamt. Dieses entscheidet nach Vorlage der notwendigen Unterlagen wie beispielsweise Kontenauszüge der letzten drei Monate, Verträge mit Kunden sowie der Gewinn- bzw. Verlustrechnung, ob zunächst eine Chance für eine Erholung besteht, und gewährt in diesem Fall ein zinsloses Darlehen für die Hilfe zum Lebensunterhalt in Höhe der Sozialhilfe gem. § 15 b BSHG für maximal sechs Monate.
Wenn das Gewerbe bereits abgemeldet wurde, besteht ein Anspruch auf Hilfe zum Lebensunterhalt – ohne Rückzahlungsverpflichtung.

Auf den Punkt gebracht:

Die berufliche Selbstständigkeit kann Ihre Chance und Ihre Motivation zugleich sein, wenn Sie sich der Vor- und Nachteile bewusst sind. Ein Gründungsvorhaben ist von weitaus mehr Faktoren abhängig als der fachlichen Kompetenz:

- Akquisition: Als Arbeitnehmer kommt die Arbeit häufig in viel zu großen Mengen auf den Tisch; als Unternehmer müssen Sie sich Ihre Arbeit selbst beschaffen. Können Sie Ihre Geschäftsidee „verkaufen“? – Üben Sie sich im Bekannten- und Freundeskreis.
- Selbstmanagement und Zeitplanung: Allzu häufig dauert es doch etwas länger und es fehlt die Zeit für Familie, Freunde und Entspannung. Strikte Planungsdisziplin schafft Abhilfe.
- „Einzelkämpfersyndrom“: Ohne Netzwerk und Partnerschaften fühlen sich viele Selbstständige allein. – Knüpfen Sie Kontakte zu Unternehmen mit gleichem Kundenkreis und ergänzenden Leistungsangeboten.
- Unsicherheit: Selbstständigkeit bedeutet auch, jeden Tag um Umsätze und Einkommen zu kämpfen. Schaffen Sie sich „Standbeine“!

Pro	Contra
◆ Eigenständigkeit ◆ Selbstbestimmung über Arbeits- und Freizeit ◆ Unabhängiges und selbststrukturiertes Arbeiten ◆ Eigenverantwortlichkeit ◆ Häufig höheres Einkommen ◆ Flexible Arbeitszeiten ◆ Unbeschränkter Aktivitätsspielraum ◆ Kreatives und innovatives Arbeiten	◆ Hohe psychische und physische Belastung ◆ Kein garantiertes und sicheres Einkommen ◆ Keine garantierte und sichere Zeitplanung ◆ Keine Garantie für den unternehmerischen Erfolg ◆ Durchhaltevermögen notwendig ◆ Finanzielle Risiken ◆ Organisatorische Erweiterung des Arbeitsfeldes

Pro und Contra Selbstständigkeit

2 Gründen – aber wie?

Gründungsmöglichkeiten und Gründungskapital

2.1 Wichtige Überlegungen

Freiberuflich, handwerklich oder gewerblich?

Der Begriff der „Selbstständigkeit" wird im Steuerrecht nicht verwendet. Hier ist die Unterscheidung zwischen einer freiberuflichen oder einer gewerblichen Tätigkeit relevant. Dies hat Folgen: Gewerbliche Tätigkeiten unterliegen der Gewerbesteuer, freiberufliche Tätigkeiten nicht.
Wer sich freiberuflich selbstständig machen kann, spart die Gewerbesteuer. Allerdings wird derzeit diskutiert, die Gewerbesteuerpflicht zukünftig im Rahmen einer Gemeindesteuer auch auf Freiberufler auszudehnen. Überdies entfällt der Status der Freiberuflichkeit, wenn ein Freiberufler in seiner Tätigkeit gewerbliche Leistungen vollbringt. Hierzu gehören beispielsweise der Verkauf von Waren oder die Rechtsform einer Kapitalgesellschaft.
Als „freiberuflich" werden Tätigkeiten bezeichnet, die wissenschaftlich, beratend, künstlerisch, erziehend, unterrichtend oder mit geistigen Dienstleistungen verbunden sind (Journalisten, Steuerberater, Ingenieure, Heilberufe) und die in der Regel ein Studium voraussetzen („Katalogberufe" gem. § 18 Abs. 1 EStG).
Nicht zum Gewerbe oder zur Freiberuflichkeit gehören sozial unwerte Tätigkeiten (z.B. Hellsehen), Urproduktion (Land- und Forstwirtschaft) sowie die Verwaltung des eigenen Vermögens. Vgl. hierzu Checkliste: Katalogberufe, S. 99.

Gewerbliche Tätigkeiten werden durch die Gewerbeordnung (GewO) geregelt. Neben einer Anzeigepflicht beim zuständigen Gewerbeamt sind in der Gewerbeordnung insbesondere Zulassungsvoraussetzungen für besondere Tätigkeiten geregelt (GewO Abschnitt II). Es handelt sich hierbei um Tätigkeiten, bei denen der Kunde seine Vermögensbestandteile bzw. seine Gesundheit in die Hände des Unternehmers gibt. Vgl. hierzu Checkliste: Besondere Zulassungsvoraussetzungen (S. 100).

Ein besonderes Problem stellt häufig die Abgrenzung gewerblicher von handwerklichen Tätigkeiten dar. Während für das Handwerk besondere Zulassungsvoraussetzungen in der Form der beruflichen Qualifikation erforderlich sind (z.B. Meisterprüfung), sind die Anforderungen an des Gewerbe regelmäßig nicht so groß. Die Handwerkskammern haben hierzu ein Merkblatt entwickelt, vgl. Checkliste: Handwerk oder Gewerbe? (S. 101 f.). Der Gewerbeschein, also die Gewerbeanmeldung, ist mit Kosten ab 25,00 € für das nicht zulassungspflichtige Gewerbe (beispielsweise Einzelhandel, Hausmeisterservice, Dienstleistungen) und mit Kosten bis zu 1.000,00 € für das zulassungspflichtige Gewerbe verbunden.

Scheinselbstständig?

Am 1. Januar 1999 trat das „Scheinselbstständigkeitsgesetz" in Kraft. Dies soll Arbeitnehmer davor schützen, in die Selbstständigkeit gezwungen zu werden. Als scheinselbstständig gilt, wer

- nur für einen Auftraggeber arbeitet,
- im Namen des Auftraggebers am Markt auftritt,
- arbeitnehmerähnliche Aufgaben für den Auftraggeber wahrnimmt und
- keine versicherungspflichtigen Mitarbeiter beschäftigt.

Durch das „zweite Gesetz für Moderne Dienstleistungen am Arbeitsmarkt" („Hartz-Gesetz") wurden die Vermutungsregelungen (§ 7 Abs. 4 SGB IV) bei so genannter Scheinselbstständigkeit ersatzlos aufgehoben. Nun gilt: Für Personen, die einen

Existenzgründungszuschuss gem. § 421 l SGB III („Ich-AG“) beantragen, wird vermutet, dass sie selbstständig sind. Unangetastet geblieben ist hingegen die Versicherungspflicht in der gesetzlichen Rentenversicherung für „arbeitnehmerähnliche Selbstständige“ nach § 2 Satz 1 Nr. 9 SGB VI. Hierzu gehören Selbstständige, die im Wesentlichen – rd. fünf Sechstel des Umsatzes – für einen Auftraggeber handeln und keine versicherungspflichtigen Beschäftigten haben. (Vgl. hierzu Magazinseite „Ich-AG“ oder Überbrückungsgeld auf S. 54/55.)

Gründungsmöglichkeiten

Viele Wege führen zur Unternehmensgründung. Allein ein eigenes Unternehmen zu gründen, erscheint zwar nahe liegend, ist aber nicht die einzige Möglichkeit. In Abhängigkeit von Ihren persönlichen Voraussetzungen, den Markterfordernissen und dem Gründungskapital bieten sich folgende Alternativen:

- Neugründung: Sie starten bei „Null“, müssen sich im Wettbewerb mit bereits etablierten Konkurrenten erst ein Stück vom Umsatzkuchen erobern und Ihre Marktposition Schritt für Schritt festigen. Angaben des IfM zufolge sind rd. 85 % aller Existenzgründungen Neugründungen. Für Neugründungen sind bereits bestehende Geschäftskontakte, beispielsweise aus der Zeit als Arbeitnehmer/-in, eine wesentliche Einstiegshilfe. In jedem Fall ist mit einer „Durststrecke“ in der Anlauf- und Aufbauphase zu rechnen. Das hierfür notwendige Kapital muss also vorhanden sein. Neugründungen werden vor allem in Dienstleistungsbereichen durchgeführt. Erfolgversprechend sind diese insbesondere bei vorhandenem Kundenkreis durch eine nebenberufliche Tätigkeit vor Eintritt in die Selbstständigkeit.

Insbesondere beratende Berufe, Dozenten, Friseure, Grafiker, Kosmetiker, Nail Designer, Programmierer, Trainer, Übersetzer u.Ä. gründen neu.

- Betriebsübernahme: Sie starten mit einem etablierten Betrieb und festem Kundenkreis. Unternehmer, die einen Nachfolger suchen, werden beispielsweise bei den Industrie- und Handelskammern (IHK) sowie den Handwerkskammern (HWK) angezeigt. Rd. 13 % aller Existenzgründer wählen die Betriebsübernahme. Allerdings ist sie mit wesentlichen Kosten verbunden, zumal der Unternehmenseigner in der Regel seinen Ruhestand durch den Unternehmensverkauf finanziert. Jährliche Ausschüttungen sowie eine einmalige Zahlung bei Übernahme sind die Regel. Darüber hinaus ist der Betrieb auf seinen Wert eingehend zu prüfen.

Betriebsübernahmen werden insbesondere in Produktions- und Handwerksbranchen, aber auch bei Kanzleien und Praxen als Gründungskonzept praktiziert.

- Beteiligung: Dies ist eine gute Gelegenheit, sich selbstständig zu machen. Kundenkreis und Know-how sind bereits vorhanden. Allerdings muss die Höhe der Einlage dem Wertanteil entsprechen. Somit ist eine eingehende Prüfung des Unternehmens erforderlich. Diese Form wird von weniger als 1% aller Existenzgründer gewählt.

Beteiligungen sind insbesondere in beratenden Branchen, bei Agenturen und in Heilberufen populär.

- Gründung mit Partner/in: Hier kann das persönliche Risiko reduziert werden. Sie starten zwar auch bei „Null“, aber mit Synergieeffekten. Die Partnerwahl sollte dabei nicht primär durch private Beziehungen, sondern durch eine berufliche, sich ergänzende Basis geprägt sein. Auf jeden Fall ist – wie bei der Beteiligung – auf eine faire Vertragsgestaltung sowie eine nachvollziehbare Arbeits- und Haftungsverteilung zu achten.
- Franchising: Franchisenehmer profitieren von Know-how, Organisation und Image bereits etablierter Unternehmen. Hieran kann der Franchisenehmer gegen eine Franchisegebühr partizipieren. Rund 600 Franchisesysteme sind derzeit am deutschen Markt tätig. Die jährliche Franchisemesse in Frankfurt/M. informiert über alle Systeme.

Zu den bekannten Systemen gehören beispielsweise Benetton, Mister Minit und McDonald's.

- Ausgliederung/Abspaltung (Spin-Off): Rund 2 % aller Gründungen erfolgen als „Ausgründung" aus einem Institut, einer Universität oder einem Unternehmen. Die Gründer können dabei auf Know-how, Geräte und/oder Patente aus der Mutterorganisation zurückgreifen.

Diese Gründungsform wird insbesondere bei technologieorientierten Gründungen gewählt.

Rechtsformen

Die Rechtsform ist ein weiteres Kriterium im Rahmen des Gründungskonzepts. Sie bestimmt die Außenhaftung sowie die Höhe der Gründungs- und Folgekosten. Drei Kategorien an Rechtsformen können unterschieden werden: Die Einzelunternehmung (Einzelfirma, Einmann-GmbH) wird regelmäßig durch eine Person gegründet und geführt, während Personen- und Kapitalgesellschaften durch mehrere Gesellschafter gegründet werden. Personengesellschaften (GbR, PartG, stille Gesellschaft, OHG, KG) unterschieden sich wiederum von Kapitalgesellschaften (GmbH, AG) und Mischformen (GmbH & Co. KG) insbesondere dadurch, dass die Persönlichkeit der Gesellschafter in der Form der Geschäftsführung und der persönlichen Haftung im Vordergrund steht.

Man unterscheidet im Einzelnen:

- Das Einzelunternehmen wird von einer Person betrieben, welche gewerblich oder freiberuflich tätig ist. Durch Eintrag in das Handelsregister (Abteilung A: Nichtkapitalgesellschaften) kann die Eigenschaft des Vollkaufmanns erreicht werden. Der Einzelunternehmer haftet mit seinem gesamten Vermögen.
  Eine Sonderform ist die „Ich-AG" als Selbstständigkeit in geringem Umfang und ohne Mitarbeiter aus der Arbeitslosigkeit heraus. Das Arbeitseinkommen der „Ich-AG" darf maximal 25.000,00 € pro Jahr umfassen, bei voller Sozialversicherungspflicht zu ermäßigten Beitragssätzen. Recht-

lich unterscheidet sich die „Ich-AG“ nicht von anderen Einzelunternehmen; die „Ich-AG“ ist keine Rechtsform. Als Einmann-GmbH kann auch beim Einzelunternehmen eine Haftungsbeschränkung erreicht werden. Für diese Rechtsform gelten die Vorschriften des GmbHG.

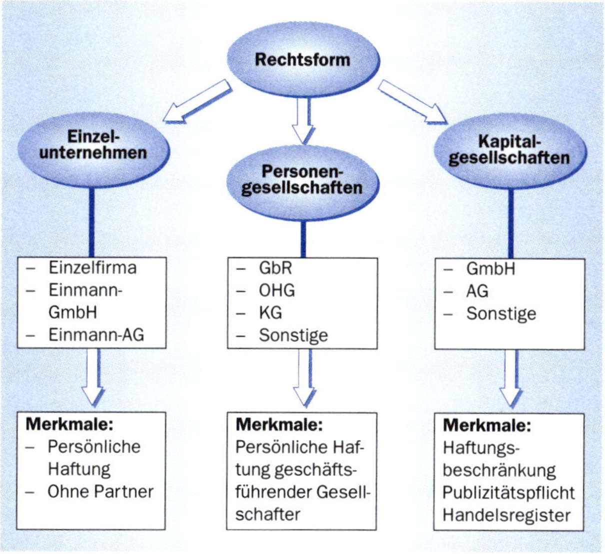

Rechtsformen

- Die Gesellschaft bürgerlichen Rechts (GbR) eignet sich insbesondere für die gemeinschaftliche Gründung. Die GbR erfordert kein Mindestkapital und keine besonderen Formalitäten. Alle Gesellschafter haften gesamtschuldnerisch mit ihrem gesamten Vermögen.
- Vollkaufleute können zum Betreiben eines Handelsgewerbes die offene Handelsgesellschaft (OHG) als Rechtsform nutzen, welche kein Mindestkapital erfordert. Die Gesell-

schaft entsteht nach außen – im Gegensatz zur GbR – mit der Eintragung in das Handelsregister. Die Gesellschafter haften mit ihrem gesamten Vermögen.

- Die Kommanditgesellschaft (KG) bietet sich an, wenn ein gewisses Stammkapital durch private Geldgeber finanziert wird. Diese haften als Kommanditisten in der Höhe ihrer Einlage (und nicht gesamtschuldnerisch wie in der GbR). Die geschäftsführenden Komplementäre haften hingegen mit ihrem Gesamtvermögen.
- Die Gesellschaft mit beschränkter Haftung (GmbH) erfordert zunächst eine Mindesteinlage in Höhe von 25.000 €, welche auch als Sacheinlage eingebracht werden kann. Zwar wird die Haftung der GmbH gegenüber Kunden regelmäßig auf das Haftungskapital beschränkt, Kapitalgeber jedoch werden in der Regel die Haftung mit dem gesamten Privatvermögen fordern. Die GmbH ist auch als Einmann-GmbH möglich.
- Mit einem Einsatz von 50.000 € lässt sich die so genannte „kleine" Aktiengesellschaft (AG) gründen, wobei in der Regel die Aktien bei den Unternehmensinhabern und gegebenenfalls bei den stillen Gesellschaftern verbleiben. Hier ist auch eine Einpersonengründung möglich.
- Mischformen können aus den oben aufgezeigten Rechtsformen bestehen:
  - So lässt sich das Haftungskapital durch die Form der GbRmbH beschränken.
  - Die Partnergesellschaft (PartG) ist insbesondere für freiberufliche Tätigkeiten wie Kanzleien gedacht.
  - Mit der GmbH & Co. KG wird die Haftung auch des Komplementärs beschränkt, welcher eine GmbH ist; „Co." steht übrigens für „Compagnie".

Während für die Personengesellschaften die Publizitätspflichten und damit verbundene Kosten für Testate geringer sind, bieten Kapitalgesellschaften den Vorteil einer Haftungsbeschränkung, insbesondere gegenüber Kunden.

Welche Rechtsform auch immer für das Gründungsvorhaben gewählt wird: Ein späterer Wechsel ist immer möglich. (Vgl. hierzu Checkliste: Rechtsformwahl, S. 102 ff.)

2.2 Gründung aus der (drohenden) Arbeitslosigkeit

Jeder vierte Existenzgründer startet heutzutage aus der Arbeitslosigkeit. Auch für von zukünftiger Arbeitslosigkeit Betroffene, z.B. bei auslaufenden Zeitarbeitsverträgen oder schlechter Unternehmenslage (betriebsbedingte Kündigung), bietet nicht nur die Bundesagentur für Arbeit (BA) Starthilfen.

Abfindung

In von schlechter Konjunktur betroffenen Branchen können Sie Ihrem Arbeitgeber entgegenkommen, indem Sie gegen eine Abfindung die Auflösung der Arbeitsvertrages vereinbaren. Die so erhaltene Abfindung kann für die Anlaufphase der Existenzgründung genutzt werden.
Abfindungen werden jedoch bei Beantragung von Arbeitslosengeld und entsprechenden Gründungsförderungen berücksichtigt.

„Ich-AG“

Die „Ich-AG“ wird durch Antrag auf Förderung der Existenzgründung gem. § 421 l SGB III beim zuständigen Arbeitsberater des Arbeitsamtes angezeigt. Mit dem Erhalt der Bewilligung der Förderung sowie der Anmeldung des Gewerbes beim Ordnungsamt wird die „Ich-AG“ gegründet.
Der Existenzgründungszuschuss in der Form der „Ich-AG“ existiert seit dem 1. Januar 2003. Allein im ersten Jahr nahmen rund 92.000 Gründer den Zuschuss in Anspruch.

Überbrückungsgeld

Wird eine selbstständige Tätigkeit aufgenommen, kann vom Arbeitsamt ein Überbrückungsgeld gem. § 57 SGB III gewährt werden, wenn

- man „in engem zeitlichen Zusammenhang mit der Aufnahme der selbstständigen Tätigkeit oder der vorgeschalteten Teilnahme an einer Maßnahme zu deren Vorbereitung Entgeltersatzleistungen (...) bezogen hat oder einen Anspruch darauf hätte oder eine Beschäftigung ausgeübt hat, die als Arbeitsbeschaffungsmaßnahme oder als Strukturanpassungsmaßnahme gefördert worden ist" (§ 57 Abs. 2. Satz 1 SGB III);
- die Stellungnahme einer fachkundigen Stelle die dauerhafte Tragfähigkeit der Existenzgründung bestätigt. Fachkundige Stellen (§ 57 Abs. 2 Satz 2 SGB III) sind insbesondere Industrie- und Handelskammern, Handwerkskammern, Fachverbände, Kreditinstitute, Steuerberater, Wirtschaftsprüfer, Unternehmensberater, sonstige Institutionen (z.B. Rechtsanwalts-, Ärzte-, Architektenkammer) und Rechtsanwälte (nur, soweit sie auf Wirtschaftsrecht spezialisiert sind). Dies erfordert die Aufstellung eines Geschäftsplans (Business Plan).

  Der Antrag auf Überbrückungsgeld soll vor Aufnahme der selbstständigen Tätigkeit beim Arbeitsamt gestellt werden.

Die Gewährung dieses Existenzgründungszuschusses hängt von der Qualifikation ab; ein Rechtsanspruch besteht nicht. Das Überbrückungsgeld wird für die Dauer von sechs Monaten geleistet und „setzt sich zusammen aus einem Betrag, den der Arbeitnehmer als Arbeitslosengeld oder Arbeitslosenhilfe zuletzt bezogen hat oder bei Arbeitslosigkeit hätte beziehen können, und den darauf entfallenden pauschalierten Sozialversicherungsbeiträgen. Die pauschalierten Sozialversicherungsbeiträge werden als prozentualer Zuschlag ermittelt, dem der jeweils im ersten Halbjahr des Vorjahres für Bezieher von Arbeitslosengeld oder Arbeitslosenhilfe insgesamt geleistete durchschnittliche Gesamtsozialversicherungsbeitrag zugrunde zu legen ist" (§ 57 Abs. 4 SGB III); dies beträgt rund ein Drittel der monatlichen Entgeltersatzleistung. Demnach sind auch von der Arbeitslosigkeit Bedrohte zum Bezug von Überbrückungsgeld berechtigt, z.B. bei auslaufenden befristeten Arbeitsverträgen oder ausgesprochenen Kündigungen.

In einigen Gemeinden bieten die Arbeitsämter Bildungsgutscheine für Existenzgründer an: Neben dem Überbrückungsgeld erhält der Existenzgründer Schulungen zur Gründung bei einem Bildungsträger vor Ort. Die Fahrtkosten zum Bildungsträger werden mit einer Aufwandspauschale vergütet.
Das Überbrückungsgeld existiert bereits seit 1986; allein im Jahr 2002 nahmen rund 123.000 (2003: 157.000) Gründer das Überbrückungsgeld in Anspruch.

Gründung aus der Sozialhilfe

Zunächst außen vor bleiben Empfänger von Sozialhilfe, da der Existenzgründungszuschuss zur „Ich-AG" und das Überbrückungsgeld aus den Beiträgen zur Arbeitslosenversicherung gezahlt werden. Dies kann sich ändern: Mit der geplanten Zusammenlegung von arbeitsfähigen Sozialhilfe- und Arbeitslosenhilfeempfängern zum Sozialgeld ab Januar 2004 könnten auch betroffene Sozialgeldempfänger die Förderung einer „Ich-AG" beim zuständigen Arbeitsamt beantragen.
Wer keine Entgeltersatzleistungen vom Arbeitsamt bezieht, hat dennoch Chancen auf Unterstützung des Gründungsvorhabens: Der Europäische Sozialfonds (ESF) stellt Mittel für die berufliche Weiterbildung der Betroffenen bereit. Dies kann im Rahmen einer geplanten Existenzgründung ein entsprechender Kurs bei einem Bildungsträger sein, wobei die Teilnahme mit einem Zuschuss zum Lebensunterhalt verknüpft ist.
Es besteht jedoch kein Rechtsanspruch auf Unterstützung durch den ESF. Sprechen Sie im Zweifel mit Ihrem Arbeitsberater beim zuständigen Arbeitsamt.

2.3 Haftung und Kapital

Haftung bedeutet die Einstandspflicht für die Verbindlichkeiten des Unternehmens. Beispielsweise haftet der Einzelunternehmer hierfür grundsätzlich allein und uneingeschränkt, also auch mit seinem gesamten Privatvermögen.

Geld = Kapital?

Das Betriebskapital stellt die Summe aller Schulden des Unternehmens gegenüber Beteiligten dar, also gegenüber dem Unternehmer selbst und gegenüber Dritten (z.B. Bank, Lieferanten).

> Wer über Kapital verfügt, muss nicht zwangsläufig Geld haben.

Der Unterschied zwischen den Begriffen „Geld“, Kapital“ und „Vermögen“ lässt sich an der Bilanz eines Unternehmens verdeutlichen:

Aktiva (Mittelverwendung)	Passiva (Mittelherkunft)
Vermögen	Kapital
Anlagevermögen – Materielles Anlagevermögen (Grundstücke, Gebäude, Maschinen, Werkzeuge) – Immaterielles Anlagevermögen – Finanzanlagevermögen	**Eigenkapital** – Gezeichnetes Kapital – Entnahmen/Einlagen – Gewinnvortrag/Verlustvortrag
Umlaufvermögen – Vorräte – Forderungen – Wertpapiere – Zahlungsmittel	**Fremdkapital** – Langfristige Verbindlichkeiten – Kurzfristige Verbindlichkeiten
(Rechnungsabgrenzungsposten)	(Rechnungsabgrenzungsposten)
(Bilanzverlust)	(Bilanzgewinn)

Geld, Vermögen und Kapital

Beide Seiten der Bilanz (lat. = „Waage“) sind Ausdruck für dieselbe Wertgesamtheit. Geld im Sinne von Zahlungsmitteln stellt nur einen Teil des Umlaufvermögens dar, während die Summe aus Eigen- und Fremdkapital dem gesamten Betriebsvermögen entspricht. Das Betriebsvermögen wird also vom Privatvermögen des Unternehmers getrennt, obwohl bei der Rechtsform der Personengesellschaft regelmäßig beide Vermögensbestandteile in die Haftung einfließen. Deshalb wird der Unternehmer in regelmäßigen Abständen neben den betrieblichen Daten eine Selbstauskunft bei seinen Gläubigern (z.B. Kreditinstitut) einreichen müssen.

Alle Wirtschaftsgüter, die unmittelbar für die betrieblichen Zwecke genutzt werden, gehören zum notwendigen Betriebsvermögen. Nicht alle Vermögensbestandteile, welche mit betrieblichen Mitteln angeschafft werden oder einer Sicherung betrieblicher Kredite dienen, sind notwendiges Betriebsvermögen. Der Unternehmer kann für diese Wirtschaftsgüter über die Zuordnung zum Privat- oder Betriebsvermögen entscheiden. Dies wirkt sich auf die Gewinnermittlung durch Betriebsvermögensvergleich gem. § 4 Abs. 1 EStG aus.

Wie viel Kapital ist erforderlich?

„Money makes the world go round“ – ist Existenzgründung nur etwas für Vermögende? Die Antwort lautet: Nein. Beispiele:

Beispiel 1: Gründung als mobiler Nail & Hair Designer **„Beauty Taxi“**
Eine erwerbslose Friseurin, die sich in Sachen Nageldesign und Haarverlängerung fortgebildet hat, trägt sich mit der Geschäftsidee, Dienstleistungen rund um die Schönheit mobil anzubieten: Nagelpflege, Nageldesign und Hairstyling. Sie listet die notwendigen Mittel für das Vorhaben „Beauty Taxi“ auf (Angaben in €):

Nr.	Position	Einlage	Investition	Σ
01	Pkw (Zeitwert)	5.000,00		5.000,00
02	Profi-Härtungsgerät für Nagelmodellage		400,00	400,00

Nr.	Position	Einlage	Investition	Σ
03	Grundausstattung Hairstyling	300,00		300,00
04	Materialmuster, Waren		100,00	100,00
05	Büro- und Arbeitsplatzausstattung (PC)	1.500,00		1.500,00
06	Markteintrittswerbung (Visitenkarten, Flyer, Anzeigen, Autobeschriftung)		1.000,00	1.000,00
07	Liquidität für die ersten drei Monate	1.500,00		1.500,00
08	Vorhandene Mittel	8.300,00		
09	Geplante Investitionen		1.500,00	
10	Startkapital			9.800,00

Beispiel 2: Gründung als mobiler Hausmeister **„Hausdienste Express“** Dienstleistungen rund ums Haus. Ein handwerklicher Allrounder sieht im fehlenden handwerklichen Geschick vieler eine Marktlücke. Von der Fahrradreparatur über Glasreinigung bis zum Home Sitting soll das Leistungsspektrum seines „Hausdienste Express“ reichen. Er benötigt:

Nr.	Position	Einlage	Investition	Σ
01	Pkw (Zeitwert)	5.000,00		5.000,00
02	Werkzeug	400,00		400,00
03	Arbeitsgeräte		500,00	300,00
04	Material (Putz- und Pflegemittel)		100,00	100,00
05	Büro- und Arbeitsplatzausstattung (PC)	1.500,00		1.500,00
06	Markteintrittswerbung (Visitenkarten, Flyer, Anzeigen, Autobeschriftung)		1.000,00	1.000,00
07	Liquidität für die ersten drei Monate	1.500,00		1.500,00
08	Vorhandene Mittel	8.400,00		
09	Geplante Investitionen		1.600,00	
10	Startkapital			10.000,00

Sie sehen, dass für viele Gründungsvorhaben die wesentlichen Arbeitsmittel bereits vorhanden sind. Wer bescheiden beginnt – es muss nicht die Büroetage im besten Haus am Platze sein – und sich auf seine Kunden und Leistungen konzentriert, ist auf wenig Hilfe von außen angewiesen.
Im Gegensatz zu den genannten Beispielen aus der Dienstleistungsbranche erfordern Existenzgründungsvorhaben im produzierenden Gewerbe regelmäßig einen wesentlich größeren Kapitaleinsatz.

Eigen- oder Fremdkapital?

Prinzipiell ist der Einsatz eigener Mittel (Eigenfinanzierung) der Abhängigkeit von Außenstehenden (Fremdfinanzierung) vorzuziehen. Dies gelingt nicht immer und auch nicht vollständig. Kleine und mittlere Unternehmen (KMU) weisen laut Untersuchungen der Chemnitzer Wirtschaftswissenschaftlichen Gesellschaft (CWG) in Deutschland einen Eigenkapitalanteil von rund 18 % auf. Dies ist im Vergleich zu Großunternehmen (30 %), zum europäischen (35 %) oder internationalen Mittelwert (40 %) sehr wenig.

Als Finanzierungsalternativen bieten sich:

Eigenfinanzierung	Fremdfinanzierung
◆ Geldeinlage ◆ Sacheinlage (z.B. Pkw, PC, Mobiliar) ◆ Kapitalbeteiligungen (z.B. stille Gesellschafter)	◆ Fördermittel ◆ (Private) Darlehen ◆ Leasing ◆ Investitionskredit ◆ Betriebsmittelkredit

Typische Finanzierungsalternativen für Existenzgründer

Die Finanzierungsalternativen sind für Existenzgründer typischerweise nicht so umfangreich wie für etablierte Unternehmen: Der Gründer verfügt noch nicht über Forderungen, welche veräußert werden könnten (Forfaitierung), oder über einen guten Ruf bei Lieferanten (Lieferantenkredit); auch aus dem Unternehmen selbst kann kein Kapital freigesetzt werden wie beispielsweise durch Veräußerung von Vermögensgegenständen und Einsparmaßnahmen. Der Bankkredit ist jedoch nicht der einzige – und häufig der teuerste – Weg, Investitionen zu finanzieren: Leasing- und Finanzierungsmodelle sowie private Geldgeber stellen ebenso Alternativen dar.
Bei der Frage der Kapitalaufbringung ist neben einer guten Mischung von Eigen- und Fremdkapital – das Unternehmen soll ja Ihnen gehören und nicht anderen – insbesondere die Verhältnismäßigkeit von Kosten und Zeiträumen zu beachten.

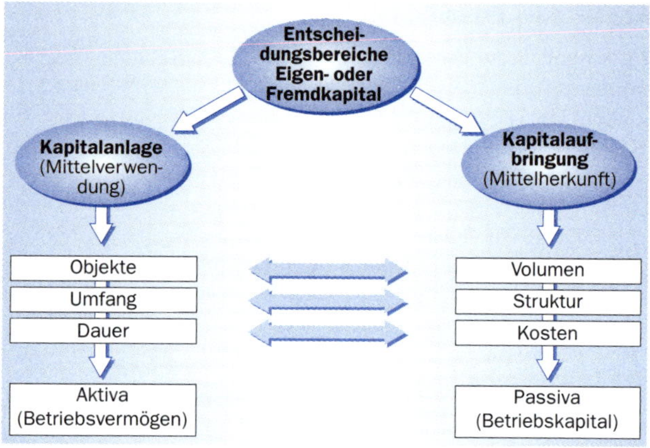

Entscheidungsbereiche für die Kapitalstruktur

Kapitalhilfen

Grundsätzlich kann jeder, der ein Unternehmen gründet oder übernimmt, um dies zu seiner Existenzgrundlage zu machen, Fördermittel beantragen. Als Mindestvoraussetzung gelten ausreichende fachliche und kaufmännische Qualifikation sowie Mindestbeiträge beim Eigenkapital. Diese betragen zwischen 20 % und 50 % des Investitionsvolumens.

Wer nichts hat, bekommt auch nichts! Ohne Eigenkapital können keine Fördermittel beantragt werden.

Öffentliche Fördermittel wie beispielsweise Mittel der Kreditanstalt für Wiederaufbau (KfW) oder der Mittelstandsbank werden regelmäßig über die Hausbank beantragt. Diese erhält lediglich eine Vermittlungsgebühr und ist am Absatz ihrer eigenen Kreditangebote interessiert; zu überlegen ist der Wechsel der Hausbank, wenn der Antrag nicht weitergereicht wird und stattdessen Betriebsmittelkredite zu marktüblichen Konditionen angeboten werden.

Als Förderarten kommen in Betracht: Zuschüsse, Darlehen mit tilgungsfreier Zeit, zinsvergünstigte Darlehen, Kreditbürgschaften (vgl. hierzu Kap. 5).

2.4 Unternehmer und Staat

Ohne Unternehmer gäbe es keine Marktwirtschaft. Unternehmer wiederum benötigen den Staat für infrastrukturelle Aufgaben wie Verkehrs- und Versorgungsnetze oder die Qualifizierung von möglichen Arbeitnehmern. Die Beziehung zwischen Unternehmer und Staat ist also bilateral. Auch wenn manch ein Unternehmer angesichts der Regelungsflut, der Abgabenlast und der Bürokratie beim Thema „Unternehmen und Staat“ gereizt reagiert.

Um nachhaltig die Unternehmerinteressen in der Politik zu vertreten, hat sich deshalb eine Vielzahl an Arbeitgeberverbänden und unternehmerfreundlichen Organisationen herausgebildet. Vom Bundesverband der Industrie (BDI), über Berufsverbände bis zum Bund der Steuerzahler (BdSt) – alle haben ein gemeinsames Ziel: fairen Leistungswettbewerb.
Ob und welchem Verband Sie sich als Unternehmer anschließen, um die Bedingungen Ihres Unternehmens zu verbessern: Ihre Pflichten und Rechte als Unternehmer sollten Sie kennen.

Ihre Pflichten und Rechte als Unternehmer

Unternehmer haben Rechte und mindestens ebenso viele Pflichten. Wer eine Existenzgründung beabsichtigt, ist mehr möglicher Unternehmer denn Arbeitnehmer. Trotz vieler Hilfen und öffentlicher (kostenfreier) Beratungsstellen werden bereits in der Vorgründungsphase die wesentlichen Aufgaben auf Ihnen lasten. Üben Sie sich als möglicher Existenzgründer in der „hohen Kunst“ des Unternehmertums:

Selbstständigkeit kommt von „selbst“ und „ständig“. Sie sind an der Reihe: von der Informationsbeschaffung über die Planung bis hin zur tatsächlichen Gründung.

Unternehmer tragen viele Pflichten, beispielsweise:

- Haftung für ordnungsgemäße Führung der Betriebsaufzeichnungen.
- Verantwortung für die Anwendung und Einhaltung behördlicher Anordnungen, Gesetze und Verordnungen.
- Haftung für Mitarbeiter (und auch für deren Fehlentscheidungen).
- Verantwortung für die Gesundheit von Kunden und Mitarbeitern.
- Aufklärung gekündigter Mitarbeiter über ihre Pflicht zur Meldung beim Arbeitsamt unverzüglich nach dem Kündigungserhalt. Wer seine Mitarbeiter nicht darauf hinweist, der ist seit dem 1. Juli 2003 schadensersatzpflichtig gegenüber dem Arbeitnehmer für entgangenes Arbeitslosengeld (§ 2 Abs. 2 Nr. 3 SGB III).

Generell gilt:

Der Unternehmer ist in der Informationspflicht, die für ihn relevanten Vorschriften zu ermitteln und anzuwenden.

Unternehmer haben auch Rechte: Neben den beruflichen Freiheiten (z.B. Bestimmung über Standort, Arbeits- und Urlaubszeiten) gehören hierzu die Rechte auf Eigentum, Wettbewerb und Vertragsfreiheit sowie die freie Wahl des Gewinnermittlungsprinzips in Abhängigkeit von Rechtsform und maßgebenden Betragsgrenzen.

Welches Gewinnermittlungsprinzip ist das Richtige?

Ertrag, Gewinn, Vermögen – als Unternehmer sollten Sie die wesentlichen Unterschiede zwischen diesen Begriffen kennen, denn schließlich bemessen sich nicht nur unterschiedliche Steuerarten nach Ihrem Gewinn, sondern auch die Kapitalgeber werden Ihren Betriebserfolg kritisch analysieren. Betriebswirtschaftlich gesehen ergibt sich der Betriebserfolg aus der Differenz zwischen Ertrag und Aufwand:

Bilanz (kumulativ)	**Zugänge**	**Abgänge**	**Gewinn- und Verlustrechnung (periodenbezogen)**
Kassenbestand Jederzeit verfügbares Bankguthaben Zahlungsmittelbestand	Einzahlungen	Auszahlungen	Einzahlungs-überschuss/ -fehlbetrag
Zahlungsmittelbestand Verbindlichkeiten Geldvermögen	Einnahmen	Ausgaben	Einnahmen-überschuss/ -fehlbetrag
Geldvermögen Sachvermögen Netto-/Reinvermögen	Erträge	Aufwendungen	Jahres-überschuss/ -fehlbetrag (Gewinn/Verlust)
	Leistung	Kosten	

Zusammenhang von Ertrag, Gewinn, Vermögen

Sie sehen, dass Zu- und Abgänge im Finanzsystem nicht immer übereinstimmen: Einnahmen müssen beispielsweise nicht zwangsläufig mit einer Einzahlung verbunden sein; so gehören auch Verrechnungen mit Forderungen oder Sachleistungen zu den Einnahmen, obwohl keine Zahlungen geflossen sind.
Den betriebswirtschaftlichen Begriffspaaren stellt das Steuerrecht die Betriebseinnahmen und die Betriebsausgaben gegenüber, welche sich von Aufwand und Ertrag durch nicht-abzugsfähige Betriebsausgaben unterscheiden (§ 5 Abs. 5-8 EStG).
Für die wirtschaftliche Beurteilung eines Unternehmens sind jedoch alle kalkulatorischen und tatsächlichen Kosten von Bedeutung, weshalb viele Unternehmen zusätzlich zur Finanzbuchhaltung ein Unternehmensplanungssystem (Enterprise Resource Planning; ERP) führen.

Das Steuerrecht kennt zwei Gewinnermittlungsprinzipien:

- Bei der Einnahmenüberschussrechnung gem. § 4 Abs. 3 EStG wird der Gewinn durch Aufzeichnung von Einnahmen und Ausgaben ermittelt (§ 11 EStG). Dieses Prinzip der vereinfachten Gewinnermittlung ermöglicht keinen betriebswirtschaftlich fundierten Überblick über die Vermögenslage. Darüber hinaus werden Wertveränderungen bei Anlagegütern erst bei ihrer Verwertung deutlich (z.B. marktbedingter Wertverfall des Firmengrundstücks). Das Prinzip der Einnahmenüberschussrechnung können Freiberufler und Kleinunternehmer sowie die „Ich-AG" wählen. Die maßgebenden Grenzen, innerhalb derer dies möglich ist, sind ein Jahresumsatz von unter 350.000,00 €, ein Wirtschaftswert unter 30.000,00 € und ein Gewinn unterhalb von 25.000,00 €. Der Gewinn wird folgendermaßen ermittelt:

	Betriebseinnahmen des Wirtschaftsjahres
–	Betriebsausgaben des Wirtschaftsjahres
+	(bei Umsatzsteuerpflicht: USt auf Betriebseinnahmen, USt-Erstattungen vom Finanzamt)
–	(bei Umsatzsteuerpflicht: USt-Zahlungen an das Finanzamt, Vorsteuerbeträge)
=	Einnahmenüberschuss
+	Privatentnahmen des Wirtschaftsjahres
–	Privateinlagen des Wirtschaftsjahres
=	Gewinn

- Der Betriebsvermögensvergleich gem. § 4 Abs. 1 EStG ist für Kapitalgesellschaften zwingend vorgeschrieben, kann jedoch auch von Kleinunternehmern oder Freiberuflern gewählt werden. Der Betriebsvermögensvergleich setzt eine periodengerechte Gewinnermittlung durch doppelte Buchführung (Bilanz, Gewinn- und Verlustrechnung, Kassenbuch, Inventur) voraus. Der Gewinn ergibt sich aus:

	Betriebsvermögen am Ende des Wirtschaftsjahres
–	Betriebsvermögen am Ende des vorangegangenen Wirtschaftsjahres
=	Betriebsvermögensänderung (Zunahme oder Abnahme)
+	Privatentnahmen des Wirtschaftsjahres
–	Privateinlagen des Wirtschaftsjahres
=	Gewinn

Sie sehen, dass Privatentnahmen den steuerrechtlichen Gewinn erhöhen und Privateinlagen diesen schmälern. Dies liegt auf der Hand: Privatentnahmen sind keine betrieblichen Ausgaben, sondern vorgezogene Ausschüttungen eines später zu ermittelnden Gewinns.

Das Gewinnermittlungsprinzip kann gewechselt werden; es sind jedoch Übergangsfristen (zumeist fünf Jahre) zu berücksichtigen (§§ 5 b, 13 a EStG). Welches Prinzip das Richtige ist, hängt von der Betriebsgröße, den tatsächlichen und den geplanten Investitionen sowie von der Notwendigkeit der Ermittlung betriebswirtschaftlich sinnvoller Kennzahlen ab.

Wer muss Gewerbesteuer zahlen?

Gewerbesteuerpflichtig sind prinzipiell alle Unternehmen, die nicht freiberuflich sind. Hiervon ausgenommen sind die „Ich-AG“ sowie Kleinunternehmer, die gem. § 19 UStG von der Umsatzsteuerpflicht befreit sind.

Der Begriff des Gewerbeertrags ist nicht mit dem Gewinnbegriff der Einkommensteuer oder der Körperschaftsteuer identisch. Er vermindert bzw. erhöht sich um bestimmte Beträge wie beispielsweise Dauerschuldzinsen (§§ 7–9 GewStG).

... und die Einkommensteuer?

Die Einkommensteuer wird bei einer Existenzgründung anhand der mit Aufnahme der selbstständigen Tätigkeit beim

Finanzamt einzureichenden Gewinnprognose geschätzt. Die Einkommensteuer ist dann in vierteljährlichen Vorauszahlungen, jeweils zum 10. der Monate März, Juni, September und Dezember zu zahlen.
Falls die Auftragslage die Zahlung der festgesetzten Abschläge nicht ermöglicht, kann Antrag auf Stundung oder Neubemessung der Einkommensteuer gestellt werden. Mit der jährlichen Einkommensteuererklärung – jeweils zum 31. Mai – werden die Vorauszahlungen geprüft und gegebenenfalls neu festgesetzt. (Vgl. hierzu Kap. 5.)

Verbände und Institutionen

In einigen Verbänden und Institutionen wird der Unternehmer mit Aufnahme seiner Selbstständigkeit Mitglied. Hierzu gehören Kammern, Verbände und Genossenschaften. Einige Beispiele:

- Während Handwerksbetriebe prinzipiell Mitglied der HWK sind, gehören die übrigen Gewerbetreibenden der IHK an.
- Für die jeweilige Berufsgenossenschaft besteht bereits ab einem angestellten Mitarbeiter ein Mitgliedszwang, auch wenn es sich dabei um geringfügige Beschäftigung handelt („Mini-Job“).
- Die Kammern sind für bestimmte Berufsgruppen zuständig, z.B. für Architekten (Architektenkammer), Rechtsanwälte (Anwaltskammer) und Ärzte (Ärztekammer).

Prüfen Sie Ihr Gründungsvorhaben auf mögliche Zwangsmitgliedschaften, um frühzeitig die Mitgliedsbeiträge einzuplanen. (Vgl. Kap. 5.)

Auf den Punkt gebracht:

Klären Sie nach Abwägung der persönlichen Ziele und Voraussetzungen die rechtlichen und finanziellen Rahmenbedingungen der Gründung:

- Neben dem Gewerbe und etwaiger Zulassungsvoraussetzungen sind die Gründungsmöglichkeiten und die Rechtsformen abzuwägen. Einfach, schnell und unbürokratisch ist die Neugründung eines Einzelunternehmens.

- Bei Gründung aus der Arbeitslosigkeit oder zur Abwehr derselben ist abzuwägen, ob der Existenzgründungszuschuss nach § 421 l SGB III („Ich-AG") oder nach § 57 SGB III („Überbrückungsgeld") in Anspruch genommen werden kann. Unbürokratisch, da einmalig zu beantragen, ist das Überbrückungsgeld, welches allerdings nur sechs Monate gewährt wird. Erkundigen Sie sich nach weiteren begleitenden Angeboten wie Gründerkursen auf Bildungsgutschein.

- Stellen Sie im Rahmen der finanziellen Überlegungen einen Grobinvestitionsplan auf und prüfen Sie ihr vorhandenes Kapital an Sachmitteln, Geldmitteln und Rechten. Erkundigen Sie sich nach möglichen Förderprogrammen.

- Informieren Sie sich über notwendige und nützliche Mitgliedschaften, Steuerarten und -termine. Die Wahl des Gewinnermittlungsprinzips ist dabei auch von der Rechtsform abhängig.

„Ich-AG“ oder Überbrückungsgeld?

Prüfen Sie Ihre Entscheidungskriterien! Auch wenn Sie nicht beabsichtigen, diese Kriterien in den ersten drei Jahren nach Gründung zu ändern, gilt: Das Überbrückungsgeld führt ab einer monatlichen Höhe der Entgeltersatzleistung von rd. 1.800,00 € zu einem höheren Förderbetrag!

Nr.	**Kriterium**	**„Ich-AG“**	**Überbrückungsgeld**
Formales	Grundlage	§ 421 I SGB II	§ 57 SGB III
	Max. Förderzeitraum	36 Monate	6 Monate
	Max. Förderhöhe	14.400,00 €	(Arbeitslosengeld zzgl. rd. 1/3) · 6 Monate
	Beantragung	Jährlich	Einmalig
	Zweck	Soziale Sicherung	Existenzsicherung
	Voraussetzung für den Erstantrag	Keine	Geschäftsplan und Stellungnahme einer fachkundigen Stelle
	Voraussetzung für Folgeanträge	GuV der 10 Monate des letzten Wirtschaftsjahres; ESt-Bescheid	Kein Folgeantrag möglich
	Max. Arbeitseinkommen	25.000,00 €	Unbegrenzt
	Zurückzahlungspflicht	Keine	Keine
Besonderes	Geschäftspartner	Keine	Unbegrenzt
	Rechtsform	Einzelunternehmen	Freie Wahl
	Mitarbeiter	Bedingt	Unbegrenzt
	Mitarbeitende Familienangehörige	Möglich	
	Umsatzsteuerpflicht	Befreit	Wahlweise
	Gewerbesteuerpflicht	Befreit	Bis zum Gewerbeertrag von 24.500,00 € befreit
	IHK/HWK-Beiträge in den ersten vier Jahren	Befreit	Bis zum Gewinn von 25.000 € befreit
	Inanspruchnahme weiterer Förderprogramme	Möglich	
Privates	Krankenversicherung	Privat oder gesetzlich zum ermäßigten Satz	Privat oder gesetzlich zum Regelsatz
	Pflegeversicherung	Wie Krankenversicherung	
	Unfallversicherung	Privat	
	Rentenversicherung für die ersten drei Jahre	Gesetzlich zum halben Regelsatz	Privat oder gesetzlich zum halben Regelsatz

Krankenversicherung für Gründer:
Die „Ich-AG" genießt Sonderrechte bei der freiwilligen gesetzlichen Krankenversicherung. Demnach wird der Beitragssatz auf ein Sechzigstel der monatlichen Bezugsgröße bemessen, während der Beitragssatz für die übrigen Selbstständigen auf die monatliche Beitragsbemessungsgrenze (derzeit: 3.825,00 €;), bei Nachweis niedrigere Einnahmen, jedoch mindestens der vierzigste Teil der monatlichen Bezugsgröße berechnet wird. Einige gesetzliche Krankenkassen bieten hiervon abweichende Existenzgründertarife an, welche zumeist auf sechs Monate begrenzt sind und bei 150,00 € liegen.

Beitragsberechnung für die gesetzliche Krankenversicherung
Beitrag in der GKV für Selbstständige (Nachweis niedrigeren Einkommens): [(2.083,34 € / 40) • 30 Tage] • 14 % = 218,75 €
Beitrag in der GKV nach Beitragsbemessungsgrenze 2003 (§ 6 Abs. 7 SGB V): [(3.825,00 € / 30) • 30 Tage] • 14 % = 535,50 €.
Beitrag in der GKV für die „Ich-AG" (§ 240 Abs. 4 SGB V): [(2.083,34 € / 60) • 30 Tage] • 14 % = 145,83 €

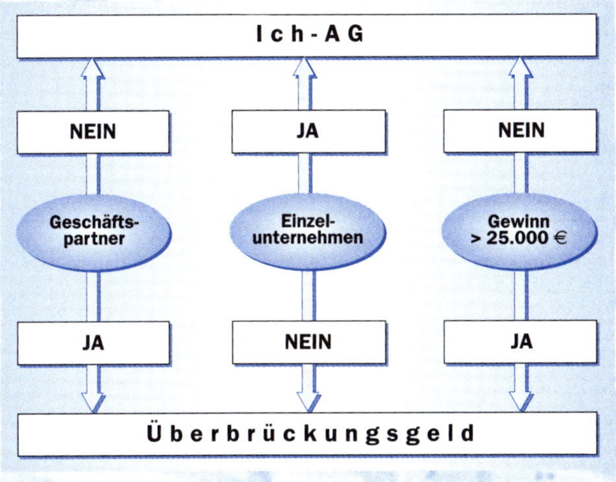

3 Von der Idee zum Konzept

Wichtige Informationen und Analysen

Sie wissen, dass sich etwas ändern muss, aber Sie wissen nicht wie? Oder: Sie haben bereits erste Vorstellungen, z.B. vor dem Hintergrund Ihrer beruflich erworbenen Kompetenzen beratend oder anderweitig tätig zu werden, aber Sie sind sich unsicher, ob dies auch Früchte tragen wird? Antworten auf diese Frage stehen im Mittelpunkt der Konzeptionsphase.

3.1 Entwickeln Sie Ihre Geschäftsidee

Eine Analyse der eigenen persönlichen, fachlichen und sozialen Kompetenzen weist häufig auf mögliche Geschäftsideen hin. Beginnen Sie bei sich selbst:

- Was können Sie besonders gut? Was können Sie überhaupt nicht?
- Was fällt Ihnen leicht? Und was fällt Ihnen besonders schwer?
- Wovon sagen andere, dass Sie es gut beherrschen? Und was beherrschen Sie nicht?
- Was würden Sie gern tun? Und was nicht?

Unter Umständen finden sich Hinweise in den Branchen, in denen Sie bereits tätig waren.

> Stellen Sie Ihre Stärken und Schwächen in einer Plus-Minus-Liste gegenüber.

Listen Sie Tätigkeiten oder auch Situationen auf. Verzichten Sie dabei jedoch auf Pauschalierungen eines Berufsbildes wie z.B.:

„Ich kann nicht kellnern". Vielleicht bereitet es Ihnen auf andere Weise durchaus Freude, Menschen zu bedienen ... Das so ermittelte Kompetenzprofil weist nicht nur auf mögliche Felder der Selbstständigkeit, sondern auch auf Arbeitsstärken hin.

Nützliche Informationsquellen

Jede Informationsquelle, mag sie noch so belanglos erscheinen, hilft der Entwicklung einer Geschäftsidee. Zu den möglichen Informationsquellen gehören:

- Persönliche Gespräche: Häufig liegen Geschäftsideen auf der Straße. Viele Menschen beschäftigen sich damit, „was fehlt", jedoch keiner ergreift die Initiative. Warum nicht Sie?
- Beobachtung erfolgreicher Ideen: Manche Geschäftsideen lassen sich auch einfach kopieren, z.B. in eine andere Branche, für andere Zielgruppen oder an einen anderen Ort.
- IHK/HWK: Manche Unternehmer suchen einen Nachfolger, der das Lebenswerk weiterführt. Informationen über diese Unternehmen erhalten Sie bei den Kammern.
- Studien und Analysen: Auch die gesellschaftlichen Veränderungen bieten Potenziale. Der wachsende Anteil an Senioren in der Bevölkerung führt beispielsweise zu veränderten Nachfragestrukturen in den Bereichen Fitness, Wellness, Ernährung, Gesundheit und Haushalt. Hinweise auf Studien erhalten Sie in Berichten der Tageszeitungen und der Wirtschaftspresse.
- Messen (z.B. die Franchisemesse in Frankfurt/M. oder die Existenzgründungsmesse START in Essen) liefern Informationen über Franchisesysteme, Netzwerke und erfolgreiche Gründungskonzepte. Erkundigen Sie sich nach Gründungsmessen der IHK oder der Wirtschaftsförderung vor Ort.
- Branchenreporte der Banken, der Wirtschaftsverbände, der Wirtschaftsforschungsinstitute sowie des Bundesamtes für Statistik liefern wertvolle Daten über Größe und Wachstum von Märkten.

- Internet: Natürlich bieten auch interaktive Medien Informations- und Recherchemöglichkeiten, aber auch Ansatzpunkte für neue Vertriebswege oder Dienstleistungen.

Ihre Idee

Die Geschäftsidee muss nicht von Beginn an ausgefeilt sein. Im Gegenteil: Häufig erfolgen Korrekturen im Verlauf der Konkretisierung des Unternehmenskonzepts. Zu Beginn kann die Idee ruhig vage sein, z.B.:

- „Vor dem Hintergrund meiner Erfahrung in der Firmenkundenbetreuung einer Geschäftsbank könnte ich Unternehmen in Finanzierungsfragen beraten ...“
- „Als Friseurin bereitet es mir Freude, meinen Kunden nicht nur in Fragen der Frisur helfen zu können. Typ- und Stilberatung bekommen meine Kunden ‚frei Haus‘ geliefert – warum nicht eine Dienstleistung daraus machen?“
- „Mit meiner Erfahrung in verschiedenen Handwerksbetrieben bin ich ein Allrounder in Sachen ‚rund ums Haus‘ und könnte dies als Unternehmer anbieten ...“

Ihre Vision

Die Geschäftsidee verkörpert Ihre unternehmerische Vision. Versuchen Sie, die Geschäftsidee in einem Wort oder in einem kurzen Satz zum Ausdruck zu bringen.

- „Ich begleite Sie in Finanzierungsfragen und beim Bankgespräch.“
- „Ich bringe Ihre Persönlichkeit groß heraus.“
- „Probleme rund ums Haus? – Ich bin sofort vor Ort.“

Zur Konkretisierung einer groben Geschäftsidee eignen sich dann beispielsweise Assoziationsketten:

Brigitte T., Friseurin mit Zusatzqualifikationen in Nail Design und Haarverlängerung, möchte sich selbstständig machen. Einen Firmennamen hat sie schon: „Beauty Taxi“. Sie fragt in Ihrem Bekanntenkreis, was man damit verbindet: Kosmetik am Arbeitsplatz in der Mittagspause, Schnelligkeit, Hairstyling zu Hause, Tipps und Tricks für wichtige Feiern, Preisgünstigkeit ...

Versuchen Sie es selbst. Was können Sie sich beispielsweise unter „Dienstleistungen rund ums Haus“ oder unter „Hausdienste Express“ vorstellen?

Der Markt

Gibt es Ihre Idee vielleicht schon? Analysieren Sie den Markt. Unter Umständen ist bereits ein Unternehmen mit ähnlicher Idee gescheitert? Betreiben Sie in diesem Fall Ursachenforschung; häufig liegt das Scheitern an einem „kleinen“ Fehler: dem Standort, dem Firmenname, der Werbestrategie ...
Daten zum jeweiligen Marktvolumen (Branchenumsatz) erhalten Sie beispielsweise über das Statistische Bundesamt und die jeweiligen Landesämter, kommunale Internet-Portale (z.B. www.meinestadt.de), Branchenberichte der Banken und Verbände sowie über die Wirtschaftspresse.
Ein weiterer Schritt ist die Schätzung des Marktpotenzials, also der möglichen Umsätze im Markt:

Brigitte T. schätzt das Marktpotenzial für Nail Design und Haarverlängerung: 480.000 Einwohner im Einzugsgebiet bis 50 km, davon sind 250.000 Frauen. Hiervon gehören 170.000 der Altersgruppe 25–50 Jahre an, wovon rd. 140.000 berufstätig sind. Von dieser Gruppe nutzen rd. 5 % (= 7.000) Leistungen mit Bezug auf Nail Design oder Haarverlängerung. Bei vier Terminen jährlich und 50,00 € Durchschnittsumsatz ergibt sich ein Marktpotenzial von 1,4 Mio. € jährlich.

Berechnung	**Beispiel „Beauty Taxi“**	
Zahl der Bedarfsträger	Berufstätige Frauen im Zielmarkt mit Interesse an den Leistungen (z.B. 5 % aller Frauen)	7.000
x Bedarfshäufigkeit	Beauty-Termine jährlich	4
x Bedarfsmengen (Einheiten je Bedarfsträger)	Anwendungen je Termin	1
x Realisierbarer Preis	Umsatz je Termin	50,00 €
= Aufnahmefähigkeit des Marktes (Marktpotenzial)	Umsatz jährlich (bzw. 28.000 Anwendungen)	1,4 Mio. €

Schätzung des Marktpotenzials

Das Marktpotenzial kann durch Plausibilitätsüberlegungen geschätzt werden. Ein besonderes Augenmerk gilt der Zahl der Bedarfsträger, also der Anzahl möglicher Kunden. Hier werden allzu häufig sehr optimistische Schätzungen vorgenommen. Hierzu ein weiteres Beispiel:

Bei der enormen Anzahl an Arbeitssuchenden sollte die Geschäftsidee „Ich schreibe Ihnen Ihre Bewerbung" erfolgversprechend sein. Doch wie viele der Betroffenen würden Ihre persönlichen Daten einem Fremden übergeben oder wären bereit, für eine professionelle Bewerbung Geld auszugeben, und wenn ja: wie viel? Der Prozentsatz liegt wohl eher bei 5–10 % als bei 100 %. Die Anzahl der möglichen Kunden reduziert sich weiter, wenn man überlegt, wie diese Kunden auf die Leistung aufmerksam gemacht werden könnten und welche Argumente oder Referenzen zur Kundengewinnung notwendig sind.

3.2 Ihre möglichen Kunden

„Spionieren" Sie schon heute Ihre Kunden von morgen aus. Bei vielen Gründungsvorhaben im Bereich von Dienstleistungen für Konsumenten erweist sich die „markterforschende Geschichte" als nützliches Instrument: Unterhalten Sie sich im Kreis Ihrer möglichen Kunden über die ungewöhnliche Idee, von der Sie gehört haben ... Sehr schnell werden Sie feststellen, dass im Vergleich zu Ihrer Vorstellung zusätzliche oder auch gänzlich andere Leistungen erwartet werden.

Brigitte T. plante ursprünglich, vor dem Hintergrund ihrer beruflichen Zusatzqualifikationen die Leistungen Nail Design und Haarverlängerung mobil anzubieten. Nachfragen und Recherchen ergaben jedoch, dass Haarverlängerungen bevorzugt bei Friseuren durchgeführt werden und mit der Firmenbezeichnung „Beauty Taxi" insbesondere kosmetische Dienste verbunden werden. Sie ergänzte daraufhin ihr Leistungsprogramm um Stilberatung und kosmetische Leistungen.

Was ist der besondere Nutzen?

Jedes Unternehmen kämpft mit seinem Angebot um die Gunst der Kunden. Diese müssen nicht nur bereit sein, für die Leis-

tung zu bezahlen, sondern die Leistung auch nachfragen. Gesucht ist also ein einzigartiges Produktversprechen (Unique Selling Proposition; USP), welches eine dauerhafte Koexistenz mit den vorhandenen Konkurrenten sichert.
Der besondere Nutzen kann zum Beispiel in Form einer Ersparnis (Zeit oder Geld) oder einer besseren Leistung auf dem Markt (Innovation, Neuheit) bestehen.

Auf der Suche nach Einzigartigkeit darf wiederum der Markt nicht vergessen werden, denn:

> „Mehrwert ist der Wert, den der Kunde abzugelten bereit ist." (Michael E. Porter)

Andersartigkeit ist also wichtig. Sie sollte jedoch aus Kundensicht ein zentrales Merkmal betreffen (z.B. auch den Standort des Unternehmens, vgl. Checkliste: Standortprüfung, S. 104 f.).

Wer bietet Ähnliches an?

Auch wenn Sie sich bereits mit dem Markt und den möglichen Kunden befasst haben – existiert vielleicht doch ein Unternehmen, das Ähnliches anbietet?

Brigitte T. („Beauty Taxi") erfährt bei näherer Marktanalyse, dass insbesondere Kosmetikerinnen auch Stilberatung und dies zum Teil beim Kunden vor Ort anbieten; Anbieter von Nagelpflege bieten auch Nail Design und manche Friseure arbeiten ebenfalls mobil. Wie kann Sie sich von dieser Konkurrenz abheben?

Wie viele Kunden können Sie erreichen?

Zur Konzeption gehört auch eine Grobeinschätzung des Absatzpotenzials, also wie viele Kunden mit welchem durchschnittlichen Umsatz erreicht werden können. Ein wichtiger Aspekt hierbei ist die realistische Einschätzung der Arbeitskapazität. Gefragt werden muss also:

Wie viele Kunden können erreicht (Absatzpotenzial) und wie viele können bedient (Leistungskapazität) werden?

Das Absatzpotenzial wird ermittelt, indem ausgehend vom Marktpotenzial ein realistischer Anteil geschätzt wird, den das Unternehmen zu erreichen glaubt. Diese Daten sollten nachvollziehbar und erklärbar sein, denn eine Fehleinschätzung kann den direkten Weg in den Konkurs bedeuten.

	Berechnung	Beispiel „Beauty Taxi"	
	Marktpotenzial (vgl. S. 59)	Umsatz jährlich (bzw. 28 000 Anwendungen)	1,4 Mio. €
–	Absatzmengen · Absatzpreise der Konkurrenz	95 % des Marktpotenzials (26.600 · 50,00 €)	1,33 Mio. €
=	Anteil am Marktpotenzial, den eine Unternehmen zu erreichen glaubt (Absatzpotenzial)	Absatzpotenzial (entspricht 5 % des Gesamtmarktes bzw. 1.400 Anwendungen oder 350 Kunden)	70.000,00 €

Schätzung des Absatzpotenzials

Diese Schätzung kann durch eine Kapazitätsrechnung auf ihre Plausibilität geprüft werden. Ausgehend von den verfügbaren Arbeitsstunden und dem Aufwand je Absatzeinheit wird berechnet, wie viel abgesetzt werden könnte – eine entsprechende Nachfrage vorausgesetzt.

Nr.	Position	Daten	„Beauty Taxi"
01	Anzahl der Tage im Jahr	365	
02	Sonntage[1)]	52	
03	Samstage[1)]	52	
04	Feiertage	13	
05	Urlaubstage[2)]	25	
06	Krankheitstage[3)]	10	
07	Sonstige Ausfalltage[4)]	2	
08	Arbeitstage	217	
09	Anwesenheitsstunden je Tag	8	
10	Anwesenheitsstunden jährlich	1.736	1.736

((Forts. nächste Seite))

11	Nicht direkt verrechenbare Stunden[5]	260
12	Verrechenbare Stunden jährlich	1.476
13	Umsatzeinheiten je Stunde	1
14	Umsatzeinheiten jährlich	1.476
15	Umsatz je Einheit	50,00 €
16	Umsatz jährlich (Leistungskapazitätsgrenze)	73.800,00 €

1) Der Abzug bezieht sich auf die Ermittlung der üblichen Arbeitszeit; einige Dienstleistungen werden selbstverständlich auch an Wochenenden angeboten.
2) Der Bundesdurchschnitt für Arbeitnehmer liegt bei 25–30 Tagen; im internationalen Vergleich sind selbst 20 Tage für Unternehmer viel.
3) Der Bundesdurchschnitt für Arbeitnehmer lag im Jahr 2002 lt. Mikrozensus bei 14,5 Tagen.
4) Beispielsweise für Behördengänge, Pannen am Kfz, Witterungsereignisse o.Ä.
5) Z.B. An- und Abfahrten zu Kunden, Akquisition, Buchführung und Unternehmensorganisation, hier: 15 %

Verrechenbare Stunden und Umsatzeinheiten

Im Beispiel „Beauty Taxi“ werden 1.400 Anwendungen jährlich als Absatzpotenzial eingeschätzt (vgl. S. 62). Dies entspricht rd. 1.500 Arbeitsstunden oder 85 % der verrechenbaren Stunden im Jahr. Geschätztes Absatzpotenzial und ermittelte Leistungskapazität stimmen also überein.
Ob der bislang zugrunde gelegte Stundenumsatz kostendeckend sein wird, lässt sich nach der Kalkulation der Betriebskosten prüfen.

Wie werden Kunden gewonnen?

Der geschäftliche Erfolg hängt wesentlich davon ab, ob und wie Kunden gewonnen werden. Der Einsatz von Plakaten, Prospekten oder Anzeigen lohnt sich nur dort, wo auch mögliche Kunden erreicht werden. In manchen Branchen spielen persönliche Kontakte und Empfehlungen eine große Rolle (z.B. beratende Leistungen), in anderen Branchen ist die Präsenz durch Anzeigen oder Plakate von Bedeutung (z.B. Schlüsseldienst).

Überlegen Sie, wann Ihre möglichen Kunden Ihre Produkte oder Dienstleistungen benötigen und wie diese auf Ihr Unternehmen aufmerksam werden.

Ein Schlüsseldienst wird dann benötigt, wenn der Notfall eintritt. Der betroffene Kunde wird den Schlüsseldienst anrufen, der ihm bekannt ist, z.B. durch regelmäßige Anzeigen oder durch hervorgehobene Annoncen im Telefonbuch.

Für Existenzgründer steht die Neukundengewinnung („Kaltakquisition") im Mittelpunkt der Distributionsziele. Realistische Zielvorgaben ermöglichen rechtzeitige Korrekturen in der Marktbearbeitung, insbesondere dann, wenn sich eine Ziellücke (Gap) abzeichnet.

Wie viele Neukunden sind zu gewinnen und wie viele potenzielle Kunden müssen dafür kontaktiert werden? Hierfür gibt es einige Ansatzpunkte. Zunächst lassen sich die Hauptphasen im Vertrieb identifizieren:

- Kundenauswahl über Adresskauf, Analyse von Branchenverzeichnissen o.Ä.;
- Kundenansprache via Telefon, Brief, Fax oder E-Mail;
- Unternehmenspräsentation (telefonisch oder vor Ort) und Identifikation des Bedarfs sowie Identifikation und Beeinflussung des Entscheiders;
- Angebotserstellung;
- Vertragsunterzeichnung bzw. Auftrag/Abschluss;
- Absicherung von Folgegeschäften durch Zufriedenheitsbefragung, Wiederholungsangebote und Aktionen.

Die Erfolgsquoten in den einzelnen Phasen sind unterschiedlich hoch. Werden mögliche Kunden anhand einer Adressdatenbank kontaktiert, so gilt die 3-Prozent-Regel: Von 100 ersten Kundenkontakten können drei als Neukunden gewonnen werden.
Für die aufgezeigten Phasen lassen sich die Erfolgsquoten der Akquisitionsstufen einschätzen:

Nr.	Phase	Kontaktquote	Erfolgsquote	Beispiel
01	Kundenansprache	100 %	3 %	350
02	Präsentation	25 %	12 %	88
03	Angebot	8 %	38 %	28
04	Abschluss	3 %		11

Vertriebsvorgaben

Von 100 Kundenansprachen führen letztlich nur drei Prozent zu einem Abschluss. Wurde bereits ein Angebot angefordert, so führen rund 38 % der Angebote zu einem Abschluss. Aus diesen Erkenntnissen lassen sich Vertriebs- oder Akquisitionsvorgaben ableiten.

Das „Beauty Taxi“ schätzt das Marktpotenzial auf 1.400 Umsatzeinheiten. Dies entspricht bei einer Bedarfshäufigkeit von vier mal jährlich 350 Stammkunden. Wenn nur 350 mögliche Kunden kontaktiert werden, so werden voraussichtlich 11 Neukunden (= 3% von 350) gewonnen.

Ein weiterer Erfahrungswert besagt: Zufriedene Kunden empfehlen eine Leistung durchschnittlich 2–5 Personen weiter. Das kann man in den Akquiseaufwand einrechnen:

„Beauty Taxi“ will mit einer Aktion zum Markteintritt 70 Neukunden ($^{1}/_{5}$ von 350) gewinnen. Die Rückrechnung (Dreisatz) ergibt, dass dafür 2.333 ($^{70}/_{3} \cdot 100$) potenzielle Kunden zu kontaktieren sind.

Beachten Sie aber: Wenn Konsumenten direkt beworben werden, z.B. durch Telefon oder Fax, dann muss vor der Werbeaktion das Einverständnis für die Maßnahme vorliegen (sog. Permission Marketing).

Angenommen, Brigitte T. läge eine Datenbank mit 2.333 Interessenten vor, die Sie per Telefax kontaktieren kann: Wenn sowohl die Nachfassaktion (Präsentation) per Telefon als auch Präsentation und die Angebotserarbeitung (Terminierung) jeweils zwei Minuten benötigen, dann ergeben sich bei einem Kostensatz von beispielsweise 35,00 € je Stunde (das entspricht 0,583 € je Minute) folgende Kosten:

Nr.	Phase	Zeitaufwand je Kontakt	Anzahl	Kosten Umsatz (€)
01	Kundenansprache (Fax)	1 Min.	2.333	1.360,14
02	Präsentation (Telefonat)	2 Min.	583	679,78
03	Angebot (Telefonat)	2 Min.	187	218,04
04		Abschluss (mit je 4 · 50 € Umsatz)	70	14.000,00
05			Abzgl. Vertriebskosten	– 2.259,14
06			In % vom Umsatz	~ 16 %
07			= Deckungsbeitrag	11.900,00

Akquisitionskosten für den Markteintritt des „Beauty Taxi"

Rund 16% des Umsatzes „verschlingt" der Vertrieb für eine Kaltakquisition. Und so verwundert es nicht, dass allein für die Kundenakquisition im Durchschnitt 15 % an Umsatzprovision in provisionsabhängigen Branchen bezahlt werden, beispielsweise Vermittlungsdienste und Börsen.

> Je geringer der Umsatz je Kunde ist, desto geringer wird auch der Vertriebsaufwand sein.

Der Vertrieb wird also wesentlich von Überlegungen einer effizienten Kundenansprache bestimmt.

3.3 Ihre Investitionen und Ihre Kosten

Nachdem die marktseitigen Voraussetzungen wie Absatzpotenzial und Kundenansprache skizziert sind, hilft ein Blick auf die Angebotsseite weiter. Erst wenn die notwendigen Investitionen, die Betriebsmittel sowie der Kapitalbedarf geklärt sind, lässt sich auch eine kostenorientierte Preiskalkulation zur Prüfung der bislang zugrunde gelegten Preise und Umsätze vornehmen.

Was wird benötigt?

Tragen Sie zunächst zusammen, was für die Geschäftsidee benötigt wird. Folgende Kategorien lassen sich unterscheiden:

- Investitionen unterscheiden sich nach Gründungsinvestitionen wie Genehmigungen und Gebühren, langfristigen Investitionen in die Leistungsbereitschaft (z.B. Ladeneinrichtung) und kurzfristigen Investitionen in die Leistungserstellung (z.B. Waren). Ermitteln Sie Marktpreise für die benötigten neuen oder gebrauchten Güter.

Nr.	Position	Einzelposition	Σ
Gründungskosten			
01	Anmeldungen	25,00	
02	Genehmigungen	0,00	
03	Notar	0,00	
04	Handelsregistereintrag	0,00	
05	Handelsregisterveröffentlichung	0,00	
06	Beratungen	0,00	
07	Summe Gründungskosten		25,00
Langfristige Investitionen (zur Herstellung der Leistungsbereitschaft)			
08	Büroausstattung/Möbel	1.500,00	
09	Geräte (Haar- und Nagel-Design)	700,00	
10	Pkw (gebraucht)	5.000,00	
11	Summe langfristige Investitionen		7.200,00
Kurzfristige Investitionen (zur Leistungserstellung)			
12	Material/Warenlager	100,00	
13	Mietkaution (z.B. 2 Monatsmieten)	0,00	
14	Mietvorauszahlung (z.B. 3 Monatsmieten)	0,00	
15	Markteintrittswerbung (~15 % des Umsatzes der ersten 6 Monate)	5.000,00	
16	Sonstiges (5 % von Pos. 12–15)	255,00	
17	Summe kurzfristige Investitionen		5.355,00
18	Summe Investitionen		12.580,00

Investitionen „Beauty Taxi“ (Angaben in €)

- Privatentnahmen umfassen insbesondere bei Einzelunternehmen alles, was der Unternehmer dem Unternehmen für das private Leben entnimmt.
  Privatentnahmen sind keine Betriebsausgaben; sie erhöhen den Gewinn, da es sich um eine vorgezogene Gewinnausschüttung handelt; Privateinlagen hingegen reduzieren den Gewinn.

Die geplanten Privatentnahmen für das „Beauty Taxi" orientieren sich an der Aufstellung aus Kapitel 2 und umfassen monatlich 3.350,00 €. Dies entspricht einem vergleichbaren Nettogehalt von rd. 2.000,00 €.

- Materialeinsatz: In vielen Branchen gibt es einen Erfahrungswert für den Materialeinsatz in Prozentpunkten vom Umsatz. Z.B. verbrauchen Hausmeisterdienste rd. 10 % des Umsatzes für Material, Maler rd. 15 %, kosmetische Leistungen 30–40 %.
  Daten über den Materialeinsatz erhalten Sie in Branchenberichten von Wirtschaftsverbänden und Geschäftsbanken. Die tatsächlichen Werte können durch unterschiedliche Konditionen im Einkauf sowie lokale Preis- und Kostenverhältnisse von den üblichen Daten abweichen.

- Betriebsmittel sind die monatlich notwendigen Mittel zur Aufrechterhaltung der Leistungsbereitschaft. Hierzu gehören insbesondere die Fixkosten wie beispielsweise Mieten, Versicherungen sowie Anschlusskosten für Telekommunikation. Auch bei betrieblich genutzten Räumen innerhalb der Miet- oder Eigentumswohnung sind die anteiligen Kosten zu ermitteln. (Vgl. Checkliste: Kostenberechnung für Arbeitsräume, S. 106 f.)

Nr.	Position	Kosten	Σ
Betriebsmittel (monatl.)			
01	Personalkosten (außer Privatentnahmen)	0,00	
02	Büro/Verwaltung	150,00	
03	Miete/Pacht	200,00	
04	Kfz-Kosten (Benzin, Wartung, Vers.)	500,00	
05	Versicherungen	30,00	
06	Leasing	0,00	
07	Kredite/Zinsen	0,00	
08	Außenstände	0,00	
09	Summe monatlich		880,00
	Zzgl. Privatentnahmen		3.350,00
10	Monatlich gesamt		4.330,00
	Jährlich gesamt		50.760,00

Betriebsmittel „Beauty-Taxi" (Angaben in €)

Zu den monatlichen Betriebsmitteln gehören auch Außenstände, die vorfinanziert werden müssen. Die Zahlungsmoral hat sich in den vergangenen Jahren stark verschlechtert; in einigen Branchen sind Totalausfälle (keine Zahlung) in der Größenordnung von 15–20 % des Umsatzes üblich. Andere Branchen verzeichnen mit 60–90 Tagen längere Zahlungszeiten als die vorgegebenen Zahlungsziele (z.B. 15 Tage).

Da das „Beauty Taxi“ relativ geringe Umsätze je Kunde verzeichnet, werden nur Barzahlungen akzeptiert. So können Forderungsausfälle vermieden werden.

Leider müssen sich auch Existenzgründer in der Regel den Branchengewohnheiten anpassen: Beispielsweise werden Sie als Existenzgründer im Pkw-Verkauf das Barzahlungsprinzip wohl kaum durchsetzen können. Dies heißt jedoch nicht, dass Zahlungsverzug ohne nachdrückliche Mahnung hingenommen werden sollte.

Was ist vorhanden?

Nach Auflistung der Investitionen, des Materialeinsatzes, der Privatentnahmen und der Betriebsmittel mag das benötigte Kapital unerreichbar hoch erscheinen. Berücksichtigen Sie nun Ihre Sacheinlagen und immateriellen Vermögensgegenstände, welche in das Betriebskapital einfließen werden.
Das Betriebskapital stellt die Gesamtheit aller Mittel zur Bildung des Betriebsvermögens dar:

- Während das Fremdkapital alle Mittel von Außenstehenden (Kredite, Darlehen usw.) oder Beträge, die für fremde Dritte zurückgestellt werden (Rückstellungen, z.B. für Steuern), umfasst,
- gehören zum Eigenkapital alle Mittel, welche durch den Unternehmer selbst (als Einlage), durch das Unternehmen (Gewinn-/Verlustvortrag) oder durch beteiligte Dritte (stille Gesellschafter, Beteiligungskapitalgeber, Kommanditisten oder Aktionäre) zur Verfügung gestellt werden. Das

Eigenkapital ist also die Gesamtheit der Sach- und Geldwerte, die in das betriebsnotwendige Vermögen einfließen und somit Haftungsmasse darstellen.

Der gesamte Kapitalbedarf ergibt sich aus der Gegenüberstellung der notwendigen Investitionen zur Herstellung der Leistungsbereitschaft, den Investitionen zur Leistungserstellung und dem Eigenkapital.

Der Kapitalbedarf für das „Beauty Taxi“ lässt sich folgendermaßen skizzieren:

Nr.	Position	Einzelposition	Σ
01	Investitionen (vgl. S. 67)		12.580,00
Eigenkapital			
02	Barvermögen	500,00	
03	Bankguthaben	1.000,00	
04	Sacheinlagen (Pkw, Teilausstattung, PC)	6.800,00	
05	Schenkungen	0,00	
06	Finanzmittel von privaten Dritten (Darlehen)	4.200,00	
07	Summe Eigenkapital		**12.500,00**
Sicherheiten			
08	Haus- und Grundbesitz	0,00	
09	Lebensversicherungen (Rückkaufwert)	0,00	
10	Bürgschaften Dritter	0,00	
11	Summe Sicherheiten		0,00
Kapitalbedarf			
12	Über-/Unterdeckung		– 80,00

Kapitalbedarf „Beauty Taxi“ (Angaben in €)

Sicherheitshalber sollte bei der Zusammenstellung des Kapitalbedarfs berücksichtigt werden, dass Anlaufschwierigkeiten in den ersten Monaten zu überbrücken sind, sodass die geplanten Privatentnahmen nicht in der gewünschten Höhe erfolgen können.
Werden mit Existenzgründung Mitarbeiter eingestellt, treten Löhne bzw. Gehälter und Betriebsmittel für einen Planungszeitraum von drei Monaten hinzu.

Wie viel Umsatz benötigen Sie?

Die wohl entscheidende Frage bei der Entwicklung einer Geschäftsidee ist die Frage nach der Tragfähigkeit: Die Geschäftsidee soll dauerhaft ein angemessenes Einkommen ermöglichen. Dazu sind Umsätze notwendig.

Der Stundenverrechnungssatz ist eine Orientierungsgröße zur Ermittlung des notwendigen Umsatzes.

> Er gibt an, wie viel Umsatz je verrechenbare – in Rechnung gestellte – Stunde notwendig ist.

Unternehmer arbeiten regelmäßig länger als Arbeitnehmer. Dies hat jedoch nicht zwangsläufig zur Folge, dass für jede Arbeitsstunde einem Kunden eine Rechnung gestellt werden kann. Nicht vergütete Arbeiten sind beispielsweise die Buchführung, Verkaufsgespräche, Weiterbildung, Konsultation von Beratern, Mitarbeiterbesprechungen usw.
Während ein Handwerker in der Regel 90 % seiner Arbeitszeit in Rechnung stellen kann, können andere Berufsgruppen wie Architekten, Statiker, Steuerberater, Rechtsanwälte oder Unternehmensberater nur 15-25 Arbeitsstunden wöchentlich in Rechnung stellen. Die Folge sind höhere Stundensätze, denen jedoch ein entsprechender Aufwand gegenübersteht.

Das „Beauty Taxi“ rechnet mit rd. 30 % Materialeinsatz. Bei 50.760,00 €, die an jährlichen Fixkosten (Betriebsmittel und Privatentnahmen) abzudecken sind, ist der Materialeinsatz mit 17.766,00 € (50.760,00 € · 35 %) zu berücksichtigen.
Daraus ergibt sich ein notwendiger Mindestumsatz in Höhe von 50.760 € + 17.766,00 € = 68.526,00 €.

Da das Unternehmen seine Preissetzung an den Marktgegebenheiten orientieren muss, wird es die Leistungen im Rahmen einer Kompensationskalkulation ermitteln: Es sind also Preislisten zu erarbeiten, wobei unter Akquisitionsaspekten einige Leistungen niedriger als notwendig kalkuliert werden müssen (Sonderangebote, Lockartikel, Signalpreise). Dies lenkt die

Aufmerksamkeit auf andere Leistungen, die höhere Deckungsbeiträge erwirtschaften.

Da die Nagelpflege als Voraussetzung für eine Lackierung benötigt wird, bietet das „Beauty Taxi" diese zum Signalpreis von 10,00 € an. Erfahrungsgemäß wird ein Großteil der Kunden weitere Leistungen wie Lackieren, Verlängern oder Schmucksteine ordern.

3.4 Ihr Markteintritt

Als Existenzgründer sind Sie zunächst im Markt unbekannt, wenn die Gründung nicht im Rahmen einer Betriebsübernahme oder einer Kooperation erfolgt. Auch Franchisenehmer müssen sich vor Ort ein Image erarbeiten. Ein unverwechselbares Image ist Voraussetzung für eine Wiedererkennung. (Vgl. Checkliste: Aufnahme der Geschäftstätigkeit, S. 107 ff.)

Ein Produkt braucht eine Persönlichkeit

Marken sind Ausdruck individueller Eigenschaften und sorgen für Wiederkennung und Wiedererinnerung. Das Markenmanagement bzw. die Markenführung (Branding) befasst sich mit Aufbau und Pflege des Markenimages beim Kunden durch eine geeignete Auswahl an Marketinginstrumenten.
Aus Kundensicht ergibt sich dabei insbesondere der Vorteil der Wiedererkennung sowie der Informationseffizienz in der Form der Risikoreduktion durch eine bekannte Qualität.

Wofür steht Ihr Produkt/Ihre Dienstleistung? Erarbeiten Sie ein Markenprofil!

Das Selbstverständnis der Unternehmung ist wesentliches Merkmal zur Positionierung am Markt. Existenzgründer starten bei „Null", wenn es um Ansehen und Image geht. Deshalb ist die Kommunikation des unternehmerischen Selbstverständnisses von tragender Bedeutung.

Die Corporate Identity (CI) basiert auf drei Säulen:

- Corporate Behaviour (CB) betrifft alle Komponenten des Unternehmensverhaltens und seiner Mitglieder;
- das Corporate Design (CD) umfasst alle Maßnahmen der Farb- und Formgebung, sowohl innerhalb der Geschäftsräume als auch in der Außendarstellung;
- unter Corporate Communication (CC) werden alle Kommunikationsmaßnahmen wie Unternehmenswerbung sowie Presse- und Medienarbeit zusammengefasst.

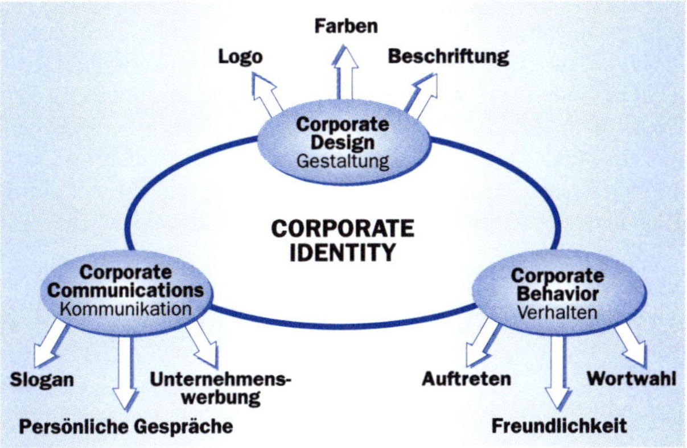

Elemente der Unternehmenspersönlichkeit (Corporate Identity)

Als Einzelfirma ohne Mitarbeiter, z.B. bei einer „Ich-AG", wird die Corporate Identity allein vom Unternehmer bestimmt und getragen.

AIDA – Wegweiser für Ihre Werbung

Elmo St. Lewis formulierte 1889, worauf es in der Werbung ankommt. Er stellte für die Werbewirkung zunächst die AID-Formel auf, welche bald zur bekannten AIDA erweitert wurde. Diese Formel empfiehlt für die Marktkommunikation:

- Erreiche Aufmerksamkeit: „attract Attention“,
- festige Interesse: „maintain Interest“,
- schaffe Wünsche: „create Desire“
- und erhalte Reaktionen (Kauf): „get Action“.

Bis heute hat diese Formel ihre Gültigkeit. Sie übermittelt Informationen eines Senders (Werbungstreibender) an einen Empfänger (Werbegemeinter).
Nun ist die Werbebotschaft keine wertneutrale Information, sondern sie verfolgt das Ziel der Akquisition. Diese akquisitorische Aufgabe hat die Werbung mit allen anderen absatzpolitischen Instrumenten gemeinsam. Die Werbung erfüllt diese Aufgabe in einer artspezifischen Weise. Die psychologischen Begriffe Suggestion (einreden), Motivation (Beweggründe vermitteln) und Rationalisierung (vernunftgemäß rechtfertigen) können diese Aufgabenstellung verdeutlichen. Diese kommt auch in der Definition der Absatzwerbung zum Ausdruck:

> „Werbung ist jede Form nicht persönlicher Präsentation und Unterstützung von Ideen, Produkten oder Dienstleistungen durch einen identifizierbaren Auftraggeber.“ (American Marketing Association)

Für das „Beauty Taxi“ könnte die AIDA-Formel so aussehen:

Attention	Hinweise auf die Leistung durch ◆ Anzeigen im Wochenblatt und Plakate ◆ Auslagen in Büros, Ämtern, Gastronomie, Ärzten, Fitness-Studios und bei Friseuren ◆ auffällig gestaltetes Auto („Beauty Taxi")
Interest	Mobile Dienstleistungen vor Ort: ◆ in der Mittagspause ◆ zu Hause ◆ in der Runde von Freund/innen
Desire	◆ Realisierung des Bedarfs ◆ Gespräch mit anderen über die Dienstleistung
Action	◆ Kontaktierung/Terminierung ◆ Nutzen der Dienstleistung

AIDA beim „Beauty Taxi “

Nutzen Sie diese Erkenntnisse und beantworten Sie sich konkret die Fragen: Wodurch sollen Ihre möglichen Kunden auf Sie aufmerksam werden? Wie wecken Sie ihr Interesse? Wodurch soll der Wunsch nach Ihrer Leistung entstehen? Wie überzeugen Sie Ihre Kunden von Ihrem Unternehmen?

Was kostet die Werbung?

Viele Existenzgründer schrecken beim Thema „Werbung" zurück, weil sie dabei an Kampagnen etablierter Marken im TV denken.
Diese Form medialer Kommunikation wäre für viele Existenzgründer allerdings das falsche Instrument, da für sie eher regionale und lokale Maßnahmen entsprechend des Einzugsgebiets von Bedeutung sind.
Ein weiterer Aspekt sind die Kosten. Zwar sollte ein Budget für mediale Werbung in angemessener Höhe eingeplant werden, doch ist dies nicht von Beginn an zu investieren. Mit den ersten Erfolgen in Folge erster Werbekampagnen werden Umsätze realisiert, welche Investitionen in weitere Kommunikationsmaßnahmen ermöglichen.
Auch wenn Werbemaßnahmen über einen größeren Zeitraum hinaus realisiert werden, sind von Beginn an das Budget und insbesondere die Inhalte zu planen.

Persönlich	Medial	Hilfsmittel
Messen	Website	Autobeschriftung
Mitgliedschaften	Plakate/Handzettel	Arbeitskleidung
Pressekontakte	Anzeigen	Kugelschreiber,
		Feuerzeuge etc.

Kommunikationsmaßnahmen für Existenzgründer

Mögliche Werbemaßnahmen im Umfang kleinerer Gründungsvorhaben wie beispielsweise der „Ich-AG" sind Autobeschriftung, Außenwerbung, Handzettel und Flyer, Anzeigen in Lokalzeitungen.

Als Faustformel gilt:

> 15 % vom geplanten Umsatz der ersten sechs Monate sollten in die Markteintrittswerbung investiert werden.

Für eine „Ich-AG“ mit 40 % Materialeinsatz, also einem Umsatz von rd. 42.000,00 € bei einem Arbeitseinkommen von 25.000,00 €, sind dementsprechend 6.300,00 € für den Markteintritt, verteilt auf sechs Monate, einzuplanen.

Nr.	Maßnahme	Kosten (in €)	Fälligkeit
01	Design-Entwurf Logo	300,00	1. Monat
02	Autobeschriftung, großflächig	500,00	1. Monat
03	Visitenkarten, 2 500 Stück	100,00	1. Monat
04	Anzeige in der lokalen Tageszeitung, je	je 100,00	2 · monatlich
05	Anzeige im lokalen Wochenblatt, je	je 50,00	4 · monatlich
06	Einfarbige Flyer (DIN A 5) zur Verteilung bei Absatzpartnern und zur Auslage	1.000,00	2. Monat
07	Website („Visitenkarte“), fertig kodiert	500,00	2. Monat
08	Werbepostkarten zur Auslage	500,00	3. Monat
09	Stand auf der lokalen Verbrauchermesse	1.000,00	6. Monat
10	Gesamtaufwand 1.–6. Monat	6.300,00	

Kosten für Kommunikation und Präsentation des „Beauty Taxi“

Wer einfallsreich ist, kommt auch mit einem wesentlich kleineren Budget aus. Zu diesen „alternativen“ Werbemöglichkeiten ein Beispiel:

> Ein Unternehmer nutzte leerstehende Ladenlokale einer Stadt, um sein Plakat mit der Aufschrift „Tino kommt!!!“ zu verbreiten. Innerhalb kurzer Zeit war „Tino“ Stadtgespräch, denn alle aufmerksamen Bewohner rätselten, ob es sich um eine italienische Restaurantkette, ein Eisgeschäft o.Ä. handelt. Dabei stellten sie verdutzt fest, dass „Tino“ offensichtlich an viele Orte „kommt!!!“. Nach rund drei Monaten startete der Unternehmer mit einer doppelseitigen Anzeige in der regionalen Tageszeitung: „Tino ist schon da! Gebrauchte Pkw finden Sie hier: ...“
> Die Kosten der Aktion betrugen ca. 1.600,00 €. „Tino“ war binnen kürzester Zeit nicht nur ein bekannter, sondern auch erfolgreicher Gebrauchtwagenhändler am Ort.

Über nützliche Kontakte

Die wichtigen Geschäftskontakte ergeben sich häufig durch Zufall und nicht durch Werbung, z.B. bei der Theater-Premiere, bei der Vernissage, beim Symposium oder einer Vortragsreihe, bei der Filialeröffnung eines anderen Unternehmens oder bei Konzerten.

> Wer passiv in seinem Unternehmen sitzt, wird sicherlich nicht gefunden.

Als Unternehmer sind Sie Ihr wichtigster Werbeträger. Sie sind nicht nur eine Unternehmerpersönlichkeit, sondern Sie verleihen Ihrem Unternehmen Persönlichkeit! Nutzen Sie Ihre kommunikativen Fähigkeiten:

- Durch die Mitgliedschaft in Verbänden lassen sich Geschäftskontakte knüpfen. Zugleich signalisiert die Mitgliedschaft zu einem Berufsverband die Seriosität des Unternehmens.
- Das Engagement in Stadtteil- oder Cityprojekten, in denen Ihr Unternehmen angesiedelt ist, fördert den Bekanntheitsgrad.
- Persönliche Kontakte zu unmittelbaren Geschäftsnachbarn im Bürokomplex, in der Einkaufsstraße oder im Gewerbegebiet liefern häufig interessante Informationen über mögliche neue Kunden, mögliche Kooperationen oder unternehmensrelevante Umfeldveränderungen.
- Nehmen Sie aktiv am gesellschaftlichen Leben teil und erhöhen Sie dadurch Ihren Bekanntheitsgrad.

Verpassen Sie keine Gelegenheit, auf Ihre Leistungen aufmerksam zu machen. Als Unternehmer stehen Sie auch in Ihrer Freizeit im Dienste Ihres Unternehmenserfolgs!

10 Schritte zur Geschäftsidee

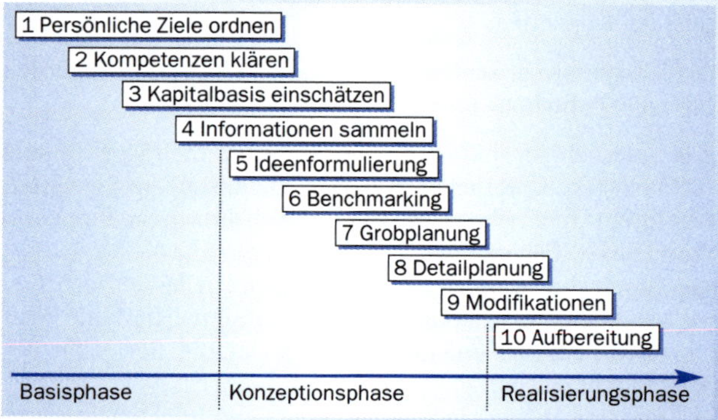

10 Schritte zur Geschäftsidee

Geschäftsideen sind nicht von Beginn an ausgereift. Formulieren Sie frühzeitig Ihre Geschäftsidee und prüfen Sie intensiv die Bedingungen. Der Blick auf andere Branchen, Unternehmen oder Regionen bietet regelmäßig Ansatzpunkte zur Vermeidung von Kommunikations-, Organisations- und Finanzierungsschwächen. Fixieren Sie die Zwischenergebnisse des Planungsprozesses schriftlich. So können Sie später die gesamte Ideenentwicklung nachvollziehen. Je nach Umfang des Gründungsvorhaben werden zwischen 6 und 24 Monaten benötigt, um von einer Idee zur Realisierung zu gelangen.

Life/Work Planning (L/WP)

Im Mittelpunkt der Arbeits- und Lebensplanung steht der Suchende und nicht die möglichen Arbeitgeber. Als zukünftiger Unternehmer schaffen sich Ihren Arbeitsplatz selbst.

Arbeits- und Lebensplanung

Stellen Sie sich also in den Mittelpunkt Ihres zukünftigen Arbeitsfeldes, denn dieses wird auch Ihr Leben bestimmen. Versuchen Sie, die folgenden Fragen zu beantworten:

- Was? Analysieren Sie Ihre eigenen Fähigkeiten, vom Wissen über Methoden und soziale Kompetenzen bis hin zur Selbstkompetenz. Es steht weniger die Frage „Was kann ich?" im Raum, sondern vielmehr die Frage „Welche Art von Leistungen erbringe ich immer wieder gern, und auch besser als andere?" – Nur das, was Sie leidenschaftlich gern tun, werden Sie auch gut tun!
- Wo? Die Frage betrifft die bevorzugte Umgebung für Ihre Arbeit. In welcher Branche wollen Sie tätig sein? Und für welche Art von Kunden? Wie sollten die Vertragspartner und Mitarbeiter sein? Und wie die Firmenphilosophie? Erarbeiten Sie das Profil Ihres Arbeitsfeldes.
  Wenn Sie sich ein Arbeitsumfeld schaffen, von dem Sie am Sonntag denken „Oh je, morgen wieder in die Firma ...", dann blockieren Sie wesentliche Kräfte; Sie sind im Vorfeld mit der Ablehnung beschäftigt, anstatt gute Leistungen für gutes Geld zu erbringen.
- Wie? lautet die dritte Frage im System; und zwar im Sinne von: „Wie schaffe ich mir dieses Arbeitsfeld?" Sie wissen nun, womit Sie sich gerne befassen und wie Ihr Arbeitsplatz aussehen sollte. Jetzt stellt sich die Frage nach dem Markt: Wie erreichen Sie diejenigen, für die Ihre Leistungen optimal sind?

Auf den Punkt gebracht:

Viele Faktoren gehören zu einem tragfähigen Geschäftskonzept. Lassen Sie sich bei der Entwicklung Ihrer Geschäftsidee von den folgenden Fragen inspirieren. Wenn Sie die jeweilige Frage mit „ja“ beantworten können, wechseln Sie zur nächsten Frage. Beantworten Sie diese mit „nein“, dann suchen Sie Informationen, um diese Frage positiv beantworten zu können. Greifen Sie gegebenenfalls auf Beratung zurück.

Fragen:

- Gründet sich Ihre Geschäftsidee auf eine Erfindung, eine Kopie einer bereits erfolgreichen Dienstleistung an einem anderen Ort (oder in einer anderen Branche) oder ein bereits etabliertes Franchise-Konzept?
- Kennen Sie die möglichen Konkurrenten für Ihr Geschäftsvorhaben vor Ort (Name, Umsatz, Anzahl der Mitarbeiter ...)?
- Kennen Sie bereits erste mögliche Kunden oder Personen, die Sie als mögliche Kunden ansprechen wollen?
- Können Sie den Vorteil Ihrer Dienstleistung/Ihres Produktes gegenüber dem Konkurrenzangebot in einem Satz erläutern?
- Ihr Vorteil muss nachhaltig sein: Begründet sich der Vorteil Ihrer Geschäftsidee nicht allein auf einen „günstigeren Preis“ oder einen „besseren Service“?
- Können Sie abschätzen, wie viel Sie monatlich mit Ihrer Geschäftsidee verdienen können?
- Kennen Sie die erforderlichen Investitionen für Ihre Existenzgründung?
- Wissen Sie, wie Sie die notwendigen Mittel zur Existenzgründung beschaffen können?

Alle Fragen mit „ja“ beantwortet?: Gratulation! Sie sind bereit für die Entwicklung Ihres detaillierten Geschäftsplans.

4 Vom Konzept zum Geschäftsplan

4.1 Wofür der Geschäftsplan benötigt wird

Ein Geschäftsplan (Business Plan) gibt einen möglichst vollständigen Überblick über ein Gründungsvorhaben, ein Projekt oder eine strategische Geschäftseinheit. Insbesondere soll er folgende Fragen beantworten:

- Wer? (Unternehmensdaten, Management)
- Was? (Leistungsprogramm, Produktvorteil)
- Wo? (Marktanalyse, Standortprofil)
- Wie? (Marketingplan)
- Warum? (Gewinnerwartung, Finanzplan)

Was ist ein Geschäftsplan?

Als Geschäftsplan wird die Dokumentation einer Geschäftsidee, Ihrer Ideengeber und der Unternehmer bezeichnet. Neben einem Textteil, welcher die Gründe für die besonderen Marktchancen sowie die Elemente der Marktleistung beschreibt, liefert der Zahlenteil des Geschäftsplans Daten über das Betriebsvermögen, die geplanten Investitionen und die erwartete Rendite. Diese Ertragsvorschau umfasst in der Regel drei Jahre, wobei für das erste Geschäftsjahr monatliche Werte und für die Folgejahre quartalsbezogene Werte angegeben werden.

Der Geschäftsplan könnte folgendermaßen gegliedert sein:

1 Kurze Zusammenfassung

2 Das Unternehmen
- Gründer
- Leistungsspektrum
- Ziele und Visionen

3 Marktanalyse
- Marktpotenzial
- Konkurrenzsituation
- Absatzpotenzial

4 Marketingplan
- Markenpolitik
- Markteintritt
- Akquisition

5 Finanzplan
- Liquiditätsplan
- Investitionsplan
- Kapitalbedarfsplan
- Rentabilitätsplan

Anhang
- Eröffnungsbilanz
- Ertragsvorschau (Jahr 1 bis 3)

Gliederung eines Geschäftsplans

Wann wird ein Geschäftsplan benötigt?

Geschäftspläne sind nicht nur für die Beantragung von Überbrückungsgeld oder von Fördermitteln gedacht, sie können sich an verschiedene Personenkreise richten:

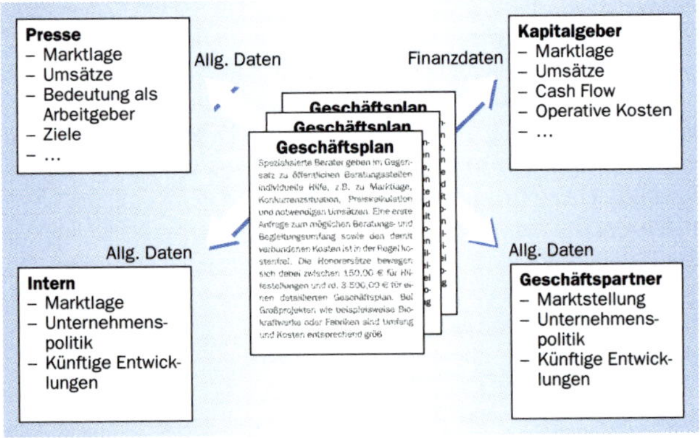

Zielgruppen von Geschäftsplänen

In der Praxis vollkommen unterschätzt ist die Bedeutung des Businessplans für das Unternehmen selbst. Er bildet die Basis für die Entwicklung und Fortschreibung von Unternehmenshandbüchern (Corporate Manual) und die Entwicklung der Unternehmenspersönlichkeit (Corporate Identitiy).
Insbesondere für Gespräche mit Externen wie Kapitalgebern oder der Presse ist die Kenntnis des eigenen Unternehmenskonzepts von großer Bedeutung.

Wer kann helfen?

Erläutern Sie Ihre Geschäftsidee möglichst vielen Personen Ihres Vertrauens. Hierdurch werden erste Konzeptschwächen sichtbar. Folgende Helfer sollten (in dieser Reihenfolge) angesprochen werden:

- Freunde, Bekannte und Verwandte können insbesondere bei verbraucherorientierten Dienstleistungen erste Hinweise liefern auf die Fragen: Gibt es einen Kundenkreis? Gibt es Konkurrenzleistungen?
- Kostenfreie Beratungsstellen geben in der Regel über formale Rahmenbedingungen Auskunft, z.B. besondere Zulassungsvoraussetzungen, mögliche Fördermittel des Landes oder der Gemeinde.
- Spezialisierte Berater geben im Gegensatz zu öffentlichen Beratungsstellen individuelle Hilfe, z.B. zu Marktlage, Konkurrenzsituation, Preiskalkulation und notwendigen Umsätzen. Eine erste Anfrage zum möglichen Beratungs- und Begleitungsumfang sowie den damit verbundenen Kosten ist in der Regel kostenfrei. Die Honorarsätze bewegen sich dabei zwischen 150,00 € für Hilfestellungen und rd. 3.500,00 € für einen detaillierten Geschäftsplan. Bei Großprojekten wie beispielsweise Biokraftwerke oder Fabriken sind Umfang und Kosten entsprechend größer.

Gründungsberatungen werden vom Bundesamt für Wirtschaft und Ausfuhrkontrolle (BAFA) mit 50 %, max. jedoch

1.500,00 € des Nettohonorars gefördert. Ihr Gründungsberater informiert Sie über Voraussetzung, Antragsweg und Ablauf (vgl. S. 114 ff.).

4.2 Elemente des Geschäftsplans

Einem Geschäftsplan wird regelmäßig eine Zusammenfassung vorangestellt. Diese muss alle wesentlichen Aspekte enthalten. In der Praxis entscheidet die Zusammenfassung des Geschäftsplans häufig über Finanzierungszusagen oder andere Verträge. Weitere wesentliche Elemente des Geschäftsplans sind Unternehmensprofil, Produkt- und Leistungsspektrum (USP), Unternehmensziele und Strategie (Corporate Identity), Markt und Wettbewerb (Marktanalyse), Marketing und Vertrieb (Marketingplan), Zahlen zum Unternehmen (Finanzplan).

Gründer/Management

Neben einem Überblick über den Unternehmensgegenstand und die Unternehmensdaten gehören auch Angaben zum Gründer und zur Geschäftsführung sowie den Mitarbeitern dazu, wie beispielsweise

- Anschrift;
- Rechtsform sowie Haftungs- oder Stammkapital;
- HRB-/HRA-Nummer bei einer notwendigen Eintragung ins Handelsregister bzw. Status der Gründung (beantragt, geplant ...);
- Umsatzsteuernummer, Gewerbesteuerhebenummer, Einkommensteuernummer (sofern bereits beantragt);
- Gesellschafter und Aufgaben innerhalb des Unternehmens;
- Daten zum Gründer (Lebenslauf);
- Qualifikation des Gründers/des Managements: Ausbildung, Berufserfahrung, Fachkompetenz, Methodenkompetenz, Sozialkompetenz, Selbstkompetenz.

Insbesondere dem letzten Punkt wird bei Kapitalgebern eine hohe Aufmerksamkeit geschenkt. Wenn Ihnen in der Gründungsphase Personen mit einschlägiger Fachkompetenz aus dem persönlichen Umfeld hilfreich zur Seite stehen wie beispielsweise Steuer- und Unternehmensberater oder erfahrene Unternehmer, dann erwähnen Sie diese.

Abgerundet wird die Unternehmensdarstellung bei mehreren Gründern und Mitarbeitern durch ein Organigramm.

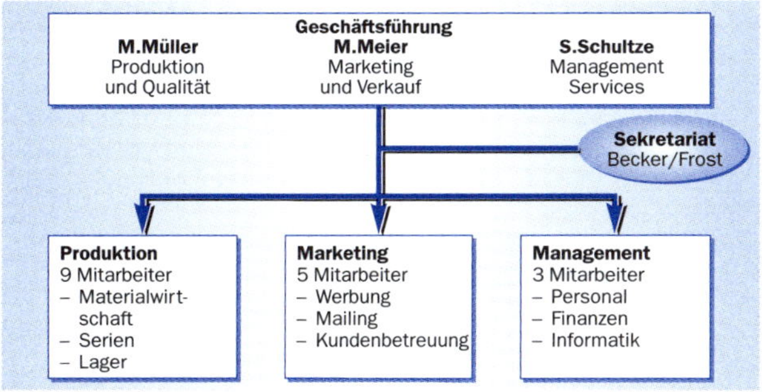

Organigramm der Müller, Meier, Schultze GbR

Bei Einzelunternehmen und Gründungen im Kleingewerbe genügt eine kurze Zusammenfassung:

„Beauty Taxi" Brigitte T. wurde mit Gewerbeanmeldung vom 2. Januar 2004 in Musterhausen gegründet. Das Unternehmen ist ein inhabergeführtes Einzelunternehmen, welches außer Brigitte T. keine Mitarbeiter beschäftigt. Als Friseurin mit ausgewiesenen Weiterbildungen verfügt Brigitte T. nicht nur über detaillierte Marktkenntnisse, sondern auch über Kunden- und Kooperationskontakte.

Produkt/Dienstleistung

Die Leistungsbeschreibung soll beim Leser des Geschäftsplans Interesse für die Leistung wecken:

„Beauty Taxi" bietet seinen Kunden mobile Dienstleistungen rund um Kosmetik und Styling. Ob in der Mittagspause im Büro oder im Freundeskreis zu Hause: „Beauty Taxi" bietet Farb- und Stilberatung, Nail Design sowie kosmetische Leistungen vor Ort.

Marktanalyse

Die Marktanalyse enthält das Fazit der Überlegungen aus dem 3. Kapitel dieses Buches. Beschreiben Sie die Marktgröße, die räumliche Größe des Teilmarktes, den Sie bearbeiten, skizzieren Sie die Angebots- und Nachfragesituation.

Der relevante Markt im Umkreis von 50 km um den Unternehmensstandort umfasst 7.000 potenzielle Kunden, welche durchschnittlich viermal jährlich die Leistungen in Anspruch nehmen. „Beauty Taxi" strebt einen Marktanteil von rund 5 % an. Dies entspricht einem Absatzpotenzial von rund 70.000,00 € bzw. einem Kundenstamm von 350 Kunden.
Die Konkurrenzsituation ist mit 10 mobilen Diensten als wirtschaftsfriedlich zu bezeichnen. Das Leistungsprogramm des „Beauty Taxi" wird trotz Interesse seitens potenzieller Kunden in der geplanten Kombination von keinem Konkurrenten angeboten.

Von besonderer Bedeutung ist die Beweisführung, dass Ihr Gründungsvorhaben eine realistische Marktchance hat.

Marketingplan

Neben einer Darstellung der Marketingstrategie enthält der Marketingplan eine Übersicht über geplante Marketingeinsätze, gegliedert nach Terminen und Medien. Hierfür empfiehlt sich eine Abbildung.
Begründen Sie in den folgenden Ausführungen die geplanten Maßnahmen:

Da die Zielgruppe neben kosmetischen Leistungen regelmäßig Friseurleistungen in Anspruch nimmt, wurden mehrere Friseure als Absatzpartner gewonnen.
Hierdurch werden potenzielle Kunden am Point of Interest durch Auslagen/ Flyer angesprochen.

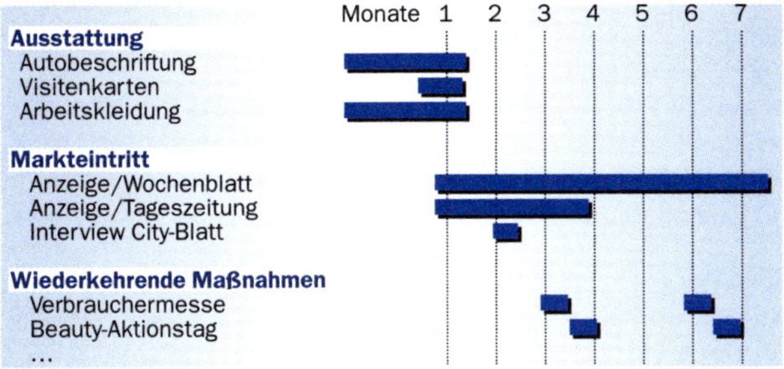

Marketingplan „Beauty Taxi“

Finanzplan

Der Finanzplan umfasst Investitions-, Kapitalsbedarfs-, Liquiditäts- und Rentabilitätsplan.

Die Investitionen und der daraus resultierende Kapitalbedarf wurden bereits in Kap. 3.3 vorgestellt.

Der Liquiditätsplan ist von wesentlicher Bedeutung, da die Zahlungsfähigkeit des Unternehmens zu jedem Zeitpunkt gewährleistet sein muss.

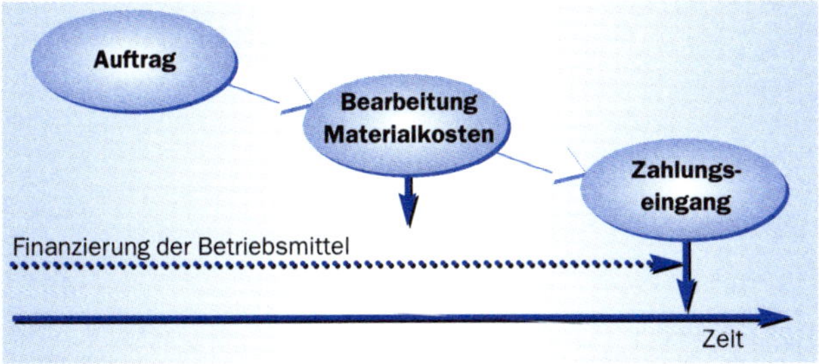

Zwischenfinanzierungsbedarf

Tragen Sie nach Monaten zusammen, wann Geldeingänge und Geldabgänge auf dem Geschäftskonto anstehen. Insbesondere bei der Gewährung von Zahlungszielen muss berücksichtigt werden, dass die Zahlungseingänge entsprechend später zu verzeichnen sind.

Da nicht von Beginn an die geplanten Durchschnittsumsätze erzielt werden können und zudem Investitionen in den Markteintritt und in die Betriebsmittel notwendig sind, können die Privatentnahmen nur schrittweise erhöht werden.

Position	Monat 1	Monat 2	Monat 3
Einzahlungen aus Umsätzen	**2.000,00**	**2.500,00**	**3.000,00**
– Material	600,00	750,00	900,00
– Büro	150,00	150,00	150,00
– Miete	200,00	200,00	200,00
– Kfz	500,00	500,00	500,00
– Versicherungen	30,00	30,00	30,00
– Summe Auszahlungen	**1.480,00**	**1.630,00**	**1.780,00**
= Saldo (Ergebnis der gewöhnlichen Geschäftstätigkeit)	**520,00**	**870,00**	**1.220,00**
– Auszahlungen für Investitionen	500,00	500,00	500,00
– Privatentnahmen	500,00	600,00	700,00
+ Bankguthaben	1.500,00	1.020,00	790,00
= Liquidität	**1.020,00**	**790,00**	**810,00**

Liquiditätsplan „Beauty Taxi" (alle Angaben in €)

In der Gewinn- und Verlustrechnung werden zusätzlich zahlungsunwirksame Aufwendungen und Erträge berücksichtigt. Dies sind insbesondere Abschreibungen, also die Absetzung für Abnutzung (AfA) der Anlagegüter.

Gegenstand	Anschaffungswert (€)	Nutzungsdauer	Restwert (€)		
			Jahr 1	Jahr 2	Jahr 3
Pkw, gebraucht	5.000,00	3	3.333,00	1.667,00	1,00
Profi-Härtungsgerät	400,00	2	200,00	1,00	0,00
Grundausstattung Styling	300,00	2	150,00	1,00	0,00
PC	1.500,00	3	1.000,00	500,00	1,00
Summe	**7.200,00**		**4.683,00**	**2.169,00**	**2,00**

AfA-Berechnung für die Anlagegüter des „Beauty Taxi"

Zur Erklärung: Ein PC wird beispielsweise über drei Jahre genutzt. Nach linearer AfA reduziert sich der Restwert des PC nach einem Geschäftsjahr jeweils um ein Drittel des Anschaffungspreises.
Der Form halber wird der Gegenstand nach der geplanten Nutzungsdauer, solange er betrieblich genutzt wird, mit dem Erinnerungswert von 1,00 € erfasst.

Über die üblichen Abschreibungszeiträume informieren die AfA-Tabellen. Konsultieren Sie Ihren Steuerberater oder das Lexikon Ihres Buchhaltungsprogramms.

	Monat 1	Monat 2	Monat 3
Styling	2.000,00	2.500,00	3.000,00
+ Warenverkauf	0,00	0,00	0,00
= Summe Umsatz	**2.000,00**	**2.500,00**	**3.000,00**
– Handelswaren	0,00	0,00	0,00
– Verbrauchsmaterial	600,00	750,00	900,00
– Miete	200,00	200,00	200,00
– Werbung	500,00	500,00	500,00
– Steuern	0,00	0,00	0,00
– Zinsen	0,00	0,00	0,00
– Sonstiges	650,00	650,00	650,00
– Abschreibungen	209,75	209,75	209,75
– Summe Aufwand	**2.159,75**	**2.309,75**	**2.459,75**
= Gewinn/Verlust	**– 159,75**	**190,25**	**540,25**

Gewinn- und Verlustrechnung „Beauty Taxi" (alle Angaben in €)

Die Gewinn- und Verlustrechnung weist lediglich den betrieblich bedingten Aufwand aus. Auch zahlungsunwirksame Aufwendungen wie die betriebliche Nutzung von Wohnungseigentum gehören dazu.

Der ermittelte Gewinn ist eine betriebswirtschaftliche Kennzahl, welche nicht mit dem Kontostand auf dem Geschäftskonto identisch ist.

4.3 Jetzt sind Sie an der Reihe!

Versuchen Sie, die folgenden Aufgaben zu bearbeiten. Falls Sie irgendwo nicht weiterkommen, suchen Sie nach weiteren Informationen.

Ihre Geschäftsidee in Kürze

Beschreiben Sie Ihre Geschäftsidee in drei Sätzen. Orientieren Sie sich dabei am Dreischritt.

> Die Dreischrittbotschaft gliedert Informationen nach Grundinformation, Zusatzinformation und wesentlicher Aussage.

Einstieg, Begründung und Zwecksatz ermöglichen eine klare Aussage.

Element	„Beauty Taxi“	Ihre Idee
Einstieg	Ein gepflegtes Erscheinungsbild ist wichtig im Beruf.	
Begründung	Ein perfektes Styling vermittelt Professionalität.	
Zwecksatz	Beauty Taxi bietet Schönheitsleistungen dort an, wo die Kundin es wünscht: im Büro oder zu Hause.	

Ihre Geschäftsidee im Dreischritt

Ihr Kapitalbedarf

Tragen Sie alle benötigten Mittel zusammen. Orientieren Sie sich dabei an dem Leitsatz:

> „Weniger ist Mehrwert!“

Listen Sie alle unbedingt notwendigen Geräte und Ausstattungen auf, die für den Start des Geschäftsvorhabens erforderlich sind, erstellen Sie also Ihren Investitionsplan.

Nr.	Position	Einzelposition	Σ
01	Anmeldungen		
02	Genehmigungen		
03	Notar		
04	Handelsregistereintrag		
05	Handelsregisterveröffentlichung		
06	Beratungen		
07	**Σ Gründungskosten**		
08	Büroausstattung/Möbel		
09	Geräte		
10	Pkw etc.		
11	**Σ Langfristige Investitionen (zur Herstellung der Leistungsbereitschaft)**		
12	Material/Warenlager		
13	Mietkaution (z.B. zwei Monatsmieten)		
14	Mietvorauszahlung (z.B. drei Monatsmieten)		
15	Markteintrittswerbung (~15 % des Umsatzes der ersten 6 Monate)		
16	Sonstiges (5 % von Pos. 12–15)		
17	**Σ Kurzfristige Investitionen (zur Leistungserstellung)**		
18	**Σ Investitionen**		

Investitionsplan

In einem weiteren Schritt, dem Kapitalbedarfsplan, wird der Fremdkapitalbedarf ermittelt.

Nr.	Position	Einzelposition	Σ
01	**Investitionen (siehe „Investitionsplan“)**		
02	Barvermögen		
03	Bankguthaben		
04	Sacheinlagen (Pkw, Teilausstattung, PC)		
05	Schenkungen		
06	Finanzmittel von privaten Dritten (Darlehn)		
07	**Σ Eigenkapital**		
08	Haus- und Grundbesitz		
09	Lebensversicherungen (Rückkaufwert)		
10	Bürgschaften Dritter		
11	**Σ Sicherheiten**		
12	**Über-/Unterdeckung (= Fremdkapitalbedarf)**		

Kapitalbedarfsplan

Ist kein Fremdkapital erforderlich beziehungsweise ist die Kapitalherkunft geklärt, kann bereits die Eröffnungsbilanz aufgestellt werden. Diese bildet Mittelherkunft und Mittelverwendung ab.

Aktiva		Passiva	
Anlagevermögen		*Eigenkapital*	
Gebäude	€	gez. Kapital/Einlagen	€
Geräte	€	(Gewinn/Verlust-vortrag)	€
Maschinen	€	(Gewinn/Verlust)	€
Fuhrpark	€	(Rückstellungen)	€
Umlaufvermögen		*Fremdkapital*	
Warenlager	€	Langfristige Verbindlichkeiten	€
Vorräte	€	Lieferungen/Leistungen	€
(Forderungen)	€	Sonstige	€
Flüssige Mittel	€		
Bilanzsumme	**€**	**Bilanzsumme**	**€**

Eröffnungsbilanz

Die in Klammern angegebenen Positionen sind regelmäßig für eine Eröffnungsbilanz nicht vorhanden.

Wie wird sich das Geschäft entwickeln?

Ausgehend von der Umsatzprognose sind in den Liquiditätsplan Einnahmen und Ausgaben für jeden Monat des ersten Jahres einzutragen. Für das zweite und das dritte Jahr genügen Quartalswerte.

> Berücksichtigen Sie Umsatzschwankungen, z.B. während der Urlaubs- oder Weihnachtszeit, und damit verbundene Veränderungen der Betriebskosten.

Vermeiden Sie insbesondere bei der Liquiditätsplanung eine Pauschalierung von Werten. Ordnen Sie stattdessen unregelmäßig anfallende Posten wie Quartalsrechnungen für Versicherungen den entsprechenden Monaten zu.

		Monat 1	Monat 2	Monat 3
	Einzahlungen			
	Einzahlungen Gruppe 1	€	€	€
+	Einzahlungen Gruppe 2	€	€	€
=	Σ Einzahlungen	€	€	€
	Auszahlungen			
	Kauf von Waren	€	€	€
+	Kauf von Verbrauchsmaterial	€	€	€
+	Mieten	€	€	€
+	Werbung	€	€	€
+	Steuern	€	€	€
+	Sonstiges	€	€	€
=	Σ Auszahlungen	€	€	€
=	Saldo	€	€	€
–	Privatentnahmen	€	€	€
+	Bankguthaben	€	€	€
=	**Über-/Unterdeckung**	**€**	**€**	**€**

Liquiditätsplan

Unter Berücksichtigung der zahlungsunwirksamen Erträge und Aufwendungen ergibt sich die Gewinn- und Verlustrechnung für die einzelnen Monate.

		Monat 1	Monat 2	Monat 3
	Umsatz			
	Umsatz Gruppe 1	€	€	€
+	Umsatz Gruppe 2	€	€	€
=	Σ Einzahlungen	€	€	€
	Aufwand			
	Kauf von Waren	€	€	€
+	Kauf von Verbrauchsmaterial	€	€	€
+	Mieten	€	€	€
+	Werbung	€	€	€
+	Steuern	€	€	€
+	Sonstiges	€	€	€
+	Abschreibungen	€	€	€
=	Σ Auszahlungen	€	€	€
=	**Betriebsergebnis**	**€**	**€**	**€**

Gewinn- und Verlustrechnung

Datenaufbereitung

Bereiten Sie die zusammengetragenen Daten auf, z.B. in einem Textbearbeitungsprogramm.

> Da der Geschäftsplan eines Gründers seine erste werbliche Maßnahme ist, sollte dieser ansprechend gestaltet und fehlerfrei formuliert sein.

Mit dem Geschäftsplan können Sie bereits Ihre Unternehmerpersönlichkeit unter Beweis stellen. Nutzen Sie Schriftart, Logo und Farben, die Sie auch für die Geschäftsunterlagen nutzen werden.

4.4 Präsentation des Geschäftsplans

Die Geschäftsidee ist ein Schritt, die Entwicklung und Erarbeitung des Geschäftsplans ein weiterer, seine Präsentation jedoch der häufig wichtigste Schritt – geht es doch um die Erhöhung oder die Beibehaltung eines Dispositionskredits, die Beantragung eines Investitionskredits oder anderer Fremdmittel.
Doch wie präsentiert man seinen Geschäftsplan? Durch Übergabe eines Schnellhefters beim Bankgespräch?

Präsentationsanlässe

Für die überwiegende Zahl der Existenzgründer ist das Bankgespräch zur Finanzierung des Gründungsvorhabens der wesentliche Präsentationsanlass für den Geschäftsplan. Die Präsentation der Geschäftsidee (nicht nur des Plans) ist jedoch bereits in der Konzeptionsphase von Bedeutung: etwa bei der Information über mögliche Gewerberäume oder über Lieferbeziehungen.

Mögliche Präsentationspartner sind:

- Kapitalgeber: Information über Kompetenzen, Strategien und Leistungsprogramm, z.B. bei Bankgesprächen.

- Lieferanten: Information über das Unternehmen bei Geschäftsanbahnung, z.B. im Hinblick auf Kommissionsvereinbarungen oder Lieferantenkredite.
- Kunden: Vorstellung des Unternehmens und seiner Leistungen.
- Mitarbeiter: Information über die Unternehmensphilosophie beim Auswahlgespräch.

Präsentationsstrategie

Wie bei allen Präsentationen gilt auch für den Geschäftsplan der Grundsatz:

> Versetzen Sie sich in Ihren Gesprächspartner!

Was ist dem Gesprächspartner bereits bekannt? Was muss der Gesprächspartner wissen, um eine Entscheidung treffen zu können? Liegt ihm beispielsweise der Geschäftsplan bereits vor oder sieht er diesen zum ersten Mal? Geben Sie ihm in diesem Fall Zeit, einen Blick in die überreichten Unterlagen zu werfen.

Ähnlich der Dreischrittbotschaft sollte auch die Präsentation der Geschäftsidee aufgebaut sein: Einleitung, Begründung, Zweck bestimmen den Präsentationsinhalt.

Das Wesentliche einer Präsentation ist die Kommunikation. Üben Sie deshalb die Gesprächssituation. „Reden lernt man durch Reden“ (Marcus Cicero).
Übrigens hat die Wortwahl nur einen geringen Einfluss auf den Gesamteindruck. Gestik, Mimik und Artikulation sind ebenso entscheidend für die Wirkung einer Präsentation.

Geschäftsplan – auch nach der Gründung notwendig?

Ein Geschäftsplan ist nicht nur für die Existenzgründung erforderlich. Insbesondere bei höheren Umsätzen und einem größeren Kreditengagement werden die Geldgeber (i.d.R. Kreditinstitute) regelmäßig nach dem Stand der Geschäfte fragen.

Die Bestimmungen des Basel-II-Abkommens, welches die Kreditinstitute zu einer höheren Eigenkapitalabsicherung risikoreicher Engagements verpflichtet, werden künftig für eine regelmäßige Berichterstattung der kleinen und mittleren Unternehmen bei ihrer Hausbank sorgen.

> Der Geschäftsplan ist also fortlaufend zu aktualisieren und mit den durch den Steuerberater angefertigten Unterlagen (z.B. betriebswirtschaftlicher Auswertung) zu ergänzen.

Lassen Sie sich von Ihrem Steuer- oder Unternehmensberater die Datenübersichten aus der Finanzbuchhaltung erklären. Nur wer die Zusammenhänge kennt, kann diese auch interpretieren und präsentieren.
Für den internen Gebrauch empfehlen sich Auszüge aus dem Geschäftsplan (Marktstellung, Marktleistungen, Management Ziele, Visionen), insbesondere zur Information der Mitarbeiter. In regelmäßigen Abständen analysiert, bietet der Geschäftsplan letztlich dem Unternehmer Anhaltspunkte zur Prüfung seines Zielerreichungsgrades.

◆

Haben Sie weitere Fragen? Für eine tiefergreifende Lektüre zu den Themen Selbstständigkeit, Betriebswirtschaft und Geschäftsplan finden Sie im Anhang Literaturempfehlungen. Oder Sie beteiligen sich am Diskussionsforum im Gründerportal der Autorin „Ich = Arbeitgeber“ (Ich-AG) unter www.2nc.de. Oder Sie senden eine E-Mail an die Autorin: nickel@2nc.de.

> Ich wünsche Ihnen viel Glück bei und mit Ihrer Entscheidung!

Auf den Punkt gebracht:

Wie erstellt man einen Geschäftsplan?

- Fassen Sie Ihre Geschäftsidee in drei Sätzen zusammen und stellen Sie die Zusammenfassung an den Beginn des Geschäftsplans.

- Beschreiben Sie das Unternehmen und Ihre Qualifikation und Motivation als Gründer und Unternehmer.

- Beschreiben Sie in knappen Sätzen das Produkt/die Dienstleistung. Heben Sie die besonderen Vorteile im Vergleich zur Konkurrenz hervor.

- Gehen Sie auf die Unternehmensziele und die Strategie zur Zielerreichung ein.

- Beschreiben Sie den Markt, die Konkurrenten und Kundensegmente sowie die Zukunftsaussichten. Begründen Sie die angestrebte Marktstellung bzw. die im Geschäftsplan zugrunde gelegten Umsätze.

- Skizzieren Sie die wesentlichen Marketingelemente.

- Tragen Sie die Finanzdaten zu einer 3-Jahresvorschau zusammen.

5 Hilfen

Wichtige Informationsquellen

5.1 Checklisten und Entscheidungshilfen

Checkliste 1: Versicherungen und Vorsorge

Die folgenden Leistungen benötigen Sie:

- Die private Vorsorge sollte alle Eventualitäten berücksichtigen.
- Der betriebliche Versicherungsschutz sollte alle Bestandteile des betriebsnotwendigen Vermögens umfassen.

Private Vorsorge	geklärt
01 Rentenversicherung	❑
02 Krankenversicherung	❑
03 Pflegeversicherung	❑
04 Unfallversicherung	❑
05 Privathaftpflichtversicherung	❑
06 Privater Rechtsschutz	❑
07 Hausratversicherung	❑
Betriebliche Versicherungen	
08 Betriebshaftpflichtversicherung	❑
09 Betriebsunterbrechungsversicherung	❑
10 Forderungsausfallversicherung	❑
11 Elektronikversicherung	❑
12 Besondere gewerbliche Versicherungen	❑

Checkliste: Versicherungen und Vorsorge

Checkliste 2: Katalogberufe

Gem. § 18 Abs. 1 EStG gehören zu den freiberuflichen Tätigkeiten die

> „selbstständig ausgeübte wissenschaftliche, künstlerische, schriftstellerische, unterrichtende oder erzieherische Tätigkeit, die selbstständige Berufstätigkeit der Ärzte, Zahnärzte, Tierärzte, Rechtsanwälte, Notare, Patentanwälte, Vermessungsingenieure, Ingenieure, Architekten, Handelschemiker, Wirtschaftsprüfer, Steuerberater, beratenden Volks- und Betriebswirte, vereidigten Buchprüfer (vereidigten Bücherrevisoren), Steuerbevollmächtigten, Heilpraktiker, Dentisten, Krankengymnasten, Journalisten, Bildberichterstatter, Dolmetscher, Übersetzer, Lotsen und ähnlicher Berufe."

Das Bundesministerium der Finanzen gibt mit Schreiben VIA6-S2246-8/03 vom 3. März 2003 folgende Anhaltspunkte zur Einordnung der nicht namentlich in § 18 Abs. 1 EStG aufgeführten Berufe in die Freien Berufe:

> Soweit die ausgeübten Berufe „nicht zu den Katalogberufen zählen, ist ein solcher Beruf einem (...) der genannten Katalogberufe ähnlich, wenn das typische Bild des Katalogberufs mit wesentlichen Merkmalen dem Gesamtbild des zu beurteilenden Berufs gleich ist. Dazu gehören die Vergleichbarkeit der jeweils ausgeübten Tätigkeit nach den sie charakterisierenden Merkmalen, die Vergleichbarkeit der Ausbildung und die Vergleichbarkeit der Bedingungen, an die das Gesetz die Ausübung des zu vergleichenden Berufs knüpft.

Checkliste 3: Besondere Zulassungsvoraussetzungen

Einige Gewerbe erfordern besondere Zulassungsvoraussetzungen, wie folgende Beispiele belegen. Erkundigen Sie sich beim Ordnungsamt/Gewerbeamt, falls Zweifel über besondere Zulassungsvoraussetzungen bestehen.

Gewerbe	Voraussetzung	vorhanden?
Betrieb von Schank- und Speisewirtschaften	Gaststättenunterrichtung, teilweise auch Konzession	❑
Betrieb von Taxiunternehmen	Fachkundeprüfung und Konzession	❑
Buchführungshelfer	kfm. Ausbildung und 3-jährige berufliche Praxis	❑
Güterkraftverkehrs-Unternehmen	Fachkundeprüfung	❑
Handel mit freiverkäuflichen Arzneimitteln	Fachkundeprüfung	❑
Handel mit Sittichen und Wirbeltieren	Fachkundeprüfung	❑
Handel mit Waffen, Munition, Sprengstoff und Giften	Fachkundeprüfung	❑
Handwerk	Zulassung und Eintragung in die Handwerkerrolle	❑
Herstellung von Waffen und Arzneimitteln	Fachkundeprüfung	❑
Inkassobüro	Erlaubnis nach dem Rechtsberatungsgesetz	❑
Makler und Bauträger	Erlaubnis nach § 34 c GewO und Führungszeugnis	❑
Tätigkeiten im Bewachungsgewerbe	Unterrichtungen im Bewachungsgewerbe, Erlaubnis nach § 34 a GewO	❑

Checkliste: Besondere Zulassungsvoraussetzungen

Checkliste 4: Handwerk oder Gewerbe?

Die Frage „Handwerk oder Gewerbe?“ ist von entscheidender Bedeutung für die Zulassungsvoraussetzung. Mit dem „Masterplan Bürokratieabbau“ wird auch das Handwerksrecht auf den Verzicht besonderer Zulassungsvoraussetzungen zur Förderung von Existenzgründungen überprüft.
Der Handwerksbegriff ist gesetzlich nicht definiert. Es ergeben sich jedoch Ansatzpunkte aus § 1 Abs. 2 HwO in Verbindung mit Anlage A sowie Information zur aktuellen Gesetzeslage, welche in Ihrer Handwerks- oder/und Industrie- und Handelskammer erhältlich ist.

Während handwerksähnliche Tätigkeiten keiner Eintragung in die Handwerksrolle bedürfen, unterliegt das Vollhandwerk oder wesentliche handwerkliche Tätigkeiten der Handwerkskammerzugehörigkeit.

Folgende Fragen helfen der Abgrenzung:

Nr.		Handwerk	Gewerbe
01	Werden wesentliche Tätigkeiten eines Vollhandwerks ausgeübt?	Ja	
02	Könnte die Ausübung Ihres Berufes deshalb eine besondere Befähigung erfordern, weil Gefahr für Leib und Leben damit verbunden ist?	Ja	
03	Wird überwiegend vorgefertigtes Material verwendet?		Ja
04	Werden überwiegend Maschinen verwendet?		Ja
05	Sind die Mitarbeiter auf bestimmte Tätigkeiten spezialisiert?		Ja
06	Erfordert die Betriebsweise grundsätzlich handwerkliche Kenntnisse der Mitarbeiter?	Ja	
07	Ist der Betrieb als vollkaufmännisch zu bezeichnen?		Ja

((Forts. nächste Seite))

Nr.		Handwerk	Gewerbe
08	Werden Leitungen in mehr als unerheblichem Umfang für Dritte handwerksmäßig hergestellt?	Ja	
09	Überwiegen Umsätze aus gewerblichen Tätigkeiten?		Ja
10	Werden Aufträge durch das Aufsuchen von Kunden generiert? (Reisegewerbe)		Ja

Checkliste: Handwerk oder Gewerbe

Checkliste 5: Rechtsformwahl

Hier sind folgende Überlegungen anzustellen:

Frage	Bemerkung	erledigt
Soll das Unternehmen allein oder mit Partnern geführt werden?	Die einfachste Form für Einzelpersonen ist die Einzelfirma.	❑
Sollen möglichst wenige Formalitäten mit der Gründung verbunden sein?	Dies ist mit der Einzelfirma oder der GbR möglich.	❑
Wie umfangreich sollte die Haftung für den/die Unternehmensgründer sein?	Der Vorteil bei Kapitalgesellschaften ist, dass die Haftung der Gesellschafter auf ihren Kapitalanteil beschränkt bleibt. Dies gilt aber nur für die vertragliche Haftung, nicht aber z.B. für die Produkthaftung. Bei Personengesellschaften haften die Gesellschafter in der Regel unbeschränkt mit ihrem Privatvermögen.	❑
Wie hoch ist die Steuerbelastung?	Je nach Gewinnhöhe bietet jede Rechtsform unterschiedliche Möglichkeiten, Steuern zu sparen. Diese sind individuell zu ermitteln, denn die „optimale" Gesellschaftsform existiert nicht. Darüber hinaus sind etwaige zusätzliche Steuern zu berücksichtigen, z.B. die Lohnsteuer für das Geschäftsführergehalt bei der GmbH im Vergleich zur Privatentnahme bei der GbR.	❑

Frage	Bemerkung	erledigt
Passt die Rechtsform zur Branche?	Eine Rechtsform sollte immer auch zum Unternehmen und zu seiner Branche passen. Ob der Unternehmer im Schadensfall mit seinem Privatvermögen oder seinem Kapitalanteil haftet, wird je nach Branche und Risiko unterschiedlich gehandhabt. Für einen Vermögensberater mag z.B. die GmbH die übliche Rechtsform sein, eine Anwaltsgemeinschaft würde dagegen eher die GbR wählen.	❑
Welcher Aufwand kann und soll für die Buchführung betrieben werden?	Neben dem Steuergesetz entscheidet auch die Rechtsform über Buchführungspflicht und -umfang. Der Aufwand für eine Einnahmenüberschussrechnung einer Einzelfirma ist wesentlich geringer als für eine komplette Buchführung mit Jahresabschluss.	❑
Ist eine Bereitschaft zur Veröffentlichung der Unternehmensdaten vorhanden?	Publizitätspflichtige Unternehmen müssen ihre Bilanz – je nach Größe – der Öffentlichkeit zugänglich machen. Manch ein Unternehmer mag hierin das Risiko sehen, der Konkurrenz Daten „frei Haus“ zu liefern und dadurch Wettbewerbsnachteile in Kauf zu nehmen.	❑
Wie viel darf die Rechtsform kosten?	Die Kosten für Anwalt, Notar, Anmeldung usw. liegen zwischen 30,00 € und 2.000,00 €. Hohe Kosten sind i.d.R. mit der Abfassung von Gesellschaftsverträgen verbunden. Ein gesetzlich vorgeschriebenes Mindestkapital gibt es nur für die GmbH (25.000,00 €) und die AG (50.000,00 €).	❑
Wer stellt dieses Startkapital zu Verfügung?	Dies ist von Bedeutung, wenn Beteiligungskapitalgeber wie beispielsweise Business Angels oder Venture Capital mit einbezogen werden. Wichtig ist hierbei die Festlegung der Mitsprache- und Kontrollrechte für die Investoren und die Klärung der Frage, unter welchen Bedingungen sie ihr Kapital wieder abziehen können.	❑
Soll oder muss das Unternehmen ins Handelsregister eingetragen werden?	Ein eingetragenes Unternehmen muss nach den Regeln des Handelsgesetzbuches geführt werden. Dazu gehört beispielsweise, dass auf allen Geschäftsbriefen neben dem Namen, die Rechtsform, der Sitz und die Registernummer	❑

	Bemerkung	erledigt
	aufgeführt werden müssen. Kaufleute sind gewerbetreibende Einzelunternehmer, es sei denn, das Unternehmen erfordert keinen „nach Art oder Umfang in kaufmännischer Weise eingerichteten Geschäftsbetrieb". Das heißt: Wer einfache, überschaubare Geschäftsbeziehungen hat, ist auch bei hohem Umsatz kein Kaufmann. Diese Kleingewerbetreibenden haben aber die Möglichkeit, sich freiwillig – mit allen Rechten und Pflichten – ins Handelsregister eintragen zu lassen. Der Vorteil: Das Unternehmen wirkt seriös und professionell.	

Checkliste: Rechtsformwahl

Checkliste 6: Standortprüfung

Für viele Unternehmen ist der Standort von großer Bedeutung:

- Insofern Kundenverkehr in den Betriebsräumen geplant ist, gerät das Mikroumfeld in den Mittelpunkt der Überlegungen. Dabei sind einige Branchen durch die Ansiedlung gleichartiger Betriebe in direkter Nähe geprägt. Diese als Standortagglomeration bezeichnete Ansiedlung korrespondiert mit den Wünschen der Kunden nach Abwechslung und Vergleich.

Typische Branchen sind Non-Food-Einzelhandel, Gastronomie oder Unterhaltungselektronik.

- Andere Branche zeichnen sich durch Diskretion aus. Kunden möchten nicht gesehen werden.

Hierzu gehören Detekteien, psychologische und ähnliche Beratungseinrichtungen.

- Wiederum andere Branchen benötigen zwar keine Schaufenster oder einen Eingangbereich zur Fußgängerzone; sie sind jedoch an zentralen Orten angesiedelt, an welchen komplementäre Leistungen erworben werden.

Beispiele sind Bauträger, Banken und Notare, Rechts-, Steuer- und Wirtschaftsberatung, Media-Agenturen.

Nr.	Position	Bedeutung	Bewertung
01	Zentrale Lage zu öffentlichen und privaten Verkehrsmitteln		
02	Lage mit hoher Frequenz an Laufkundschaft		
03	Große Schaufenster		
04	Eingang gut sichtbar		
05	Weitere Möglichkeiten der Außenwerbung (Schild, Fassadenbeleuchtung)		
06	Parkplätze vorhanden		
07	Behindertengerecht (Aufzug, Türbreite, Schwellen)		
08	Ausbau- bzw. erweiterungsfähig?		
09	Genehmigungen für gewerbliche Nutzung vorhanden		
10	Kundennähe		
11	Konkurrenzsituation		
12	Kosten		

Bedeutung: z.B. „5“ = „große Bedeutung“; „1“ = „geringe Bedeutung“.
Bewertung: z.B. „5“ = „sehr gut“; „1“ = „sehr schlecht“.

Multiplizieren Sie die Werte „Bedeutung – Bewertung“ für die verschiedene Standorte. Der Standort mit der höchsten Punktzahl scheint aus objektiver Sicht der geeignetste zu sein.

Checkliste: Standortprüfung

Checkliste 7: Kostenberechnung für Arbeitsräume

Viele Existenzgründer starten „aus dem Wohnzimmer". Bei einigen Branchen wird auch dauerhaft weder Ladenlokal noch Präsenzbüro benötigt; andere Unternehmer mieten kombiniert Wohn- und Privaträume. In diesen Fällen sind die betrieblichen Kosten zu ermitteln.

Bei der Berechnung der Anteile für Arbeitsräume werden häufig viele Positionen übersehen. Listen Sie daher alle Kosten auf und multiplizieren Sie alle nicht direkt und eindeutig zuzuordnenden Kosten mit dem Anteil der Arbeitsfläche an der Gesamtfläche (im Beispiel: 30 %). Denken Sie z.B. an:

- Reparaturen, sofern sie die gesamte Fläche betreffen;
- Jahresendabrechnungen und etwaige Nachzahlungen;
- Kosten für die Telefonanlage; diese lassen sich durch die Beantragung privater und geschäftlicher Nummern exakt zuordnen. Wenn kein Erfahrungssatz für den Anteil der geschäftlichen Nutzung besteht, kann der Basispreis für den Anschluss anteilig angesetzt werden.

Nr.	Raum	qm	qm geschäftlich	in % der Gesamtwohnfläche
01	Wohnzimmer	29,00		
02	Schlafzimmer	22,00		
03	Diele/Flur	10,00		
04	Küche	11,00		
05	Bad	9,00		
06	Gäste-WC	4,00		
07	Arbeitszimmer		22,00	17 %
08	Besprechungszimmer		18,00	13 %
09	Balkon (1/2)	5,00		
10	**Gesamtfläche**	**130,00**		**30%**

Checkliste: Flächenberechnung (mit Beispielwerten)

Berechnung der anteiligen Nebenkosten (vorläufig aufgrund vereinbarter Abschlagzahlungen) – Angaben in €

Nr.	Position	gesamt	%	geschäftlich
11	Grundmiete	900,00	0,30	270,00
12	Wasser/Abwasser	90,00	0,30	27,00
13	Heizung	90,00	0,30	27,00
14	Hausmeister, Müll etc.	100,00	0,30	30,00
15	Energie	50,00	0,30	15,00
16	Versicherungen	25,00	0,30	7,50
17	Reinigungskosten	100,00	0,30	30,00
18	Renovierung	50,00	0,30	15,00
19	Reparaturen	50,00	0,30	15,00
20	Miete gesamt	1.455,00	0,30	556,50

Kosten der Telekommunikation (monatlich zu ermitteln)

Nr.	Position	gesamt	%	geschäftlich
21	ISDN Grundgebühr	22,55	0,30	6,78
22	Grundgebühr, z.B. für Pre-Selection	9,00	0,30	2,70
23	Telekommunikation gesamt	31,55	0,30	9,48

Checkliste: Berechnung der Arbeitsraumkosten

Checkliste 8: Aufnahme der Geschäftstätigkeit

Bevor Sie Ihre Geschäftstätigkeit aufnehmen können, müssen Sie bestimmte Aufgaben erledigen. Beachten Sie bitte:

> Bei verspäteter Gewerbeanmeldung ist mit einem Bußgeld zu rechnen.

	Aufgabe	erledigt
1.	Melden Sie Ihr Gewerbe/Unternehmen beim Gewerbeamt/Amt für öffentliche Ordnung und dem Finanzamt Ihrer zuständigen Stadt/Gemeinde (i.d.R. Betriebssitz) an.	❑
2.	Sie benötigen einen Personalausweis bzw. Reisepass oder die schriftliche Vollmacht des Gewerbetreibenden sowie dessen Ausweispapiere; ggf. Handels-, Vereins- oder Genossenschaftsregisterauszüge bei erlaubnispflichtigen Gewerben. Ausländische Gewerbetreibende (Ausnahme: EU-Angehörige) benötigen darüber hinaus die Aufenthaltserlaubnis, nach der die Ausübung eines Gewerbes erlaubt ist.	❑
3.	Bei Gründung einer Firma im Sinne des Handelsgesetzbuches (HGB) ist die Eintragung in das Handelsregister beim zuständigen Amtsgericht in öffentlich beglaubigter Form (Notar) zu veranlassen.	❑
4.	Wenn Mitarbeiter beschäftigt werden, ist dies dem Arbeitsamt mitzuteilen. Sie erhalten dann vom Arbeitsamt eine Betriebsstättennummer. Informieren Sie hierüber auch die zuständige Kranken-/Ersatzkasse und den Rentenversicherer sowie die Berufsgenossenschaft.	❑
5.	Klären Sie die Notwendigkeit besonderer Zulassungsvoraussetzungen und Genehmigungserfordernisse und stellen Sie rechtzeitig die notwendigen Anträge (Infos über Gewerbeamt, Bauamt, Kammern).	❑

	Aufgabe	erledigt
6.	Regeln Sie die für Sie notwendigen Ver- und Entsorgungsleistungen (Strom, Wasser/Abwasser, Heizung, Abfall etc.). Fragen Sie, ob besondere Auflagen bestehen.	❑
7.	Beantragen Sie die für Sie notwendigen Telekommunikationsdienstleistungen und die dafür notwendigen Anschlüsse und klären Sie postalische Fragen (Postfach, Postvollmacht, Postscheckkonto etc.).	❑
8.	Richten Sie bei der Bank/Sparkasse Ihrer Wahl ein Firmenkonto ein und klären Sie die Bankvollmacht.	❑
9.	Lassen Sie sich über alle notwendigen Versicherungen von einem – besser noch von mehreren – unabhängigen Versicherungsberater aufklären und schließen Sie rechtzeitig die entsprechenden Versicherungsverträge ab.	❑
10.	Vergessen Sie zum guten Schluss nicht den Firmennamen und/oder Namen des Inhabers am Eingang Ihres Unternehmens gut sichtbar anzubringen	❑

Checkliste: Aufnahme der Geschäftstätigkeit

Checkliste 9: Das erste Bankgespräch

Kreditgespräche sind wie alle Gespräche mit Investoren und Geldgebern von großer Bedeutung für die Unternehmenspolitik. „Kredit“ kommt von „credere“ und bedeutet „Glauben,

Vertrauen". Dies weist darauf hin, dass mehr als nur ein Zahlenwerk zur Vergabeentscheidung herangezogen wird.

Im Mittelpunkt des Bankgesprächs stehen

- das Unternehmen und seine Kreditmöglichkeiten;
- die persönlichen und fachlichen Fähigkeiten des Unternehmers bzw. Geschäftsführers.

Die persönliche Bonität ist also ebenso entscheidend wie die Entwicklungs- bzw. Leistungspotenziale, also die künftige Wettbewerbsposition.

Die Bonität oder der gute Ruf einer Person oder eines Unternehmens hängt von verschiedenen Faktoren ab: Zu den „Hard Facts" zählen das verfügbare Einkommen bzw. der Gewinn vor/nach Steuern, Verpflichtungen aus übernommenen Bürgschaften, Sach- und sonstige Vermögenswerte.
Hingegen zählen Verlässlichkeit, Glaubwürdigkeit, Überzeugungskraft, Verantwortungsbewusstsein und Zielstrebigkeit zu den „Soft Facts".

Bereiten Sie Ihr Bankgespräch entsprechend vor. Versetzen Sie sich dabei immer in die Situation Ihres Gesprächspartners beim Kreditinstitut:

- Sind Sie ihm persönlich bekannt? (z.B. durch die private Kontoführung)
- Ist Ihr Unternehmen/Ihr Gründungsvorhaben bekannt?
- Wie können Sie Ihr Unternehmen/Ihr Gründungsvorhaben visualisieren? (z.B. durch Flyer, Produktproben, Fotos o.Ä.)
- Welche Kriterien sprechen für eine Kreditvergabe und welche dagegen? (z.B. Bürgschaften und Sicherheiten)

In der folgenden Checkliste finden Sie Tipps für Vor- und Nachbereitung des ersten Bankgesprächs und zum Gespräch selbst.

Vorbereitung	erledigt
Geschäftsplan aufbereiten	❑
BWA, GuV, Bilanz vom Steuerberater anfordern	❑
Informationsmappe zusammenstellen	❑
Ziele ausformulieren, z.B. „Kreditantrag für Betriebsmittel in Höhe von …“	❑
Unterlagen mit Anschreiben zusammenstellen	❑
Ablauf	
Persönliche Vorstellung	❑
Zielsetzung des Gesprächs direkt ansprechen	❑
Unternehmen/Vorhaben vorstellen	❑
Unterlagen überreichen (insofern nicht vorab versendet)	❑
Alternativen erfragen	❑
Weitere Vorgehensweise erfragen	❑
Nachbereitung	
Ggf. Unterlagen nachreichen	❑
Nachfrage nach dem Stand der Entscheidung	❑
Unaufgeforderte Einreichung der betriebswirtschaftlichen Unterlagen in regelmäßigen Abständen	❑

Checkliste: Erstes Bankgespräch

5.2 Unternehmerpflichten

Buchführungs- und Aufzeichnungspflichten

Folgende Berufsgruppen unterliegen besonderen Aufzeichnungspflichten, welche auch steuerrechtlich relevant sind:

- Abfallbeseitiger
- Agenturen auf Großviehmärkten
- Altmetallhändler
- Anlagenvermittler
- Apotheken
- Auskunfteien
- Bauträger
- Beförderer/Einsammler von Abfall
- Bewachungsgewerbe
- Bezirksschornsteinfegermeister
- Blindenwerkstätten
- Buchmacher
- Darlehensvermittler
- Detekteien
- Fahrschulen
- Gaststättengewerbe
- Gebrauchtwagenhändler
- Gebrauchtwarenhändler
- Güterfernverkehr
- Halter von Luftfahrzeugen
- Handelsmakler
- Hebammen
- Heimarbeit
- Hotelgewerbe
- Kursmakler
- Lagerhalter
- Makler
- Metallhändler
- Milchverarbeiter
- Pensionsgewerbe
- Pfandleiher
- Reisebüros
- Tierärzte
- Tierärzte, die eine Hausapotheke betreiben
- Verkäufer von Schlachtvieh
- Versteigerer
- Verwalter im Allgemeinen
- Verwalter von Wohnungseigentum
- Viehhändler
- Waffenhersteller
- Weinbaubetriebe
- Weinkellereien

Berufsgruppen mit besonderen Aufzeichnungspflichten

Informieren Sie sich bei der zuständigen Kammer und dem Gewerbeamt über die einzelnen Pflichten.

Beitragspflichten

Beitragspflichten bestehen

- für IHK/HWK (je nach Zuordnung zur Handwerks- oder Industrie- und Handelskammer)
- und für die Berufsgenossenschaft (bei eingestellten Mitarbeitern, auch geringfügig Beschäftigten).

Nach dem Kleinunternehmerförderungsgesetz erfolgt eine Befreiung von der Zahlungspflicht für IHK/HWK-Beiträge für Existenzgründer bis einschließlich des vierten Jahres nach Gründung, wenn der Gewinn bzw. Einnahmenüberschuss nicht € 25.000,00 übersteigt.

Steuertermine

Die Steuertermine sind unaufgefordert einzuhalten. Es gelten jedoch regelmäßig Schonfristen (fünf Arbeitstage), in denen ausschließlich die Überweisung ohne weiteres Mahnverfahren gutgeschrieben werden muss. Für Scheck- und Barzahlungen entfällt die Schonfrist.

Position	**Datum**
Einkommensteuer	10. März, 10.Juni, 10. September, 10. Dezember
Gewerbesteuer	15. Februar, 15. Mai, 15. August, 15. November
Grundsteuer	15. Februar, 15. Mai, 15. August, 15. November
Kfz-Steuer	Jährlich, in Abhängigkeit von der Pkw-Anmeldung
Kirchensteuer	Monatlich zum 10. oder bei Lohnsteuer: 10. März, 10. Juni, 10. September, 10. Dezember
Körperschaftssteuer	10. März, 10. Juni, 10. September, 10. Dezember
Lohnsteuer	Monatlich zum 10.
Umsatzsteuer	Monatlich zum 10.
Besondere Steuern	
Biersteuer	Monatlich zum 20.
Branntweinsteuer	Monatlich zum 25.
Mineralölsteuer	Monatlich zum 10.
Schaumweinsteuer	Monatlich zum 25.
Tabaksteuer Zigaretten/Tabak	Monatlich zum 12. und zum 27.
Tabaksteuer Zigarren/Zigarillos	Monatlich zum 10. und zum 25.

Wichtige Steuertermine

Gewerbesteuer

Alle Gewerbebetriebe im Sinne des § 15 Abs. 2 EStG unterliegen der Gewerbesteuer (§ 2 Abs. 1 GewStG).
Kapitalgesellschaften (GmbH, AG etc.) gelten mit ihrer gesamten Tätigkeit als Gewerbebetrieb. Nicht unter die Gewerbesteuerpflicht fallen Freiberufler (z.B. Rechtsanwälte oder Steuerberater), es sei denn, sie führen ihre Tätigkeit in der Rechtsform einer Kapitalgesellschaft aus.

Besteuert wird der im Unternehmen erwirtschaftete Ertrag und das dem Unternehmen zur Verfügung gestellte Kapital.

Die Gewerbesteuer ist eine Gemeindesteuer, sie wird von der für den Betriebssitz zuständigen Gemeinde erhoben. Für diese Zwecke erlässt das Finanzamt einen Gewerbesteuermessbescheid, der automatisch der Gemeinde zugestellt wird. Die Gemeinde erlässt dann auf der Grundlage des Gewerbesteuermessbescheides den Gewerbesteuerbescheid, indem sie den gültigen Hebesatz auf den Messbetrag anwendet.

5.3 Informationen für Existenzgründer

Beratungsstellen

Das Beratungsangebot ist vielfältig. Kostenfreie Beratungsstellen geben in der Regel allgemeine Auskünfte zu den Voraussetzungen, notwendigen Genehmigungen oder Zulassungen und den Antragswegen. Kostenpflichtige Beratung ist demgegenüber individuell und kann sich auch auf „Zuarbeit" wie Marktanalysen und Kalkulationen erstrecken oder eine Begleitung (Coaching), z.B. zur Auswahl von Gewerberäumen, umfassen. In jedem Fall ist die Nutzung der kostenfreien Beratung zu Beginn der Planung empfehlenswert.

Klären Sie schriftlich Umfang und Kosten der Beratung vor dem Beratungsauftrag. Und erkundigen Sie sich über Zuschüsse zur Beratungsleistung.

Nach den „Richtlinien über die Förderung von Unternehmensberatungen für kleine und mittlere Unternehmen" vom 11. September 2001 erhält ein Existenzgründer auf Antrag einen Zuschuss in Höhe von 50 % der Nettogesamtkosten, maximal 1.500,00 € für eine Existenzgründungsberatung.
Dieser Zuschuss wird jedoch nur dann gezahlt, wenn der Existenzgründer als Antragsteller die in Rechnung gestellten Bera-

tungskosten bezahlt hat und die zuständige Leitstelle den Zuschuss bewilligt hat. Dies hängt von Inhalt, Umfang und Qualifikation des Beraters ab.

Kostenfreie Beratung	Kostenpflichtige Beratung
– Arbeitsamt – Industrie- und Handelskammern (IHK/HWK) – Fachverbände – Kreditinstitute – Kammern (Rechtsanwaltskammer, Ärztekammer, etc.) – Technologie- und Gründerzentren (TGZ)	– Unternehmensberater – Steuerberater – Wirtschaftsprüfer – Rechtsanwälte (nur, wenn sie auf Wirtschaftsrecht spezialisiert sind)

Anlaufstellen für die Gründungsberatung

Förderprogramme

Folgende Programme sind die wesentlichen Förderungsinstrumente des Bundes und der Länder für Existenzgründungen:

- Unternehmerkredit: Bei Investitionen bis zu 1 Mio. € können bis zu 100 % des Gesamtfinanzierungsbedarfs als zinsvergünstigtes Darlehen über die Geschäftsbank bei der KfW-Mittelstandsbank beantragt werden. Dieser Kredit löste zum 1. September 2003 die Angebote aus dem DtA-Existenzgründungsprogramm und dem KfW-Mittelstandsprogramm ab. Informationen im Internet: http://www.kfw-mittelstandsbank.de.
- ERP-Existenzgründungsprogramm: Neben Gründungen werden auch Wachstumsinvestitionen zinsvergünstigt finanziert. Die Obergrenze beträgt 50 % der Investitionssumme in den alten Bundesländern, 75 % in den neuen Bundesländern bei einem maximalen Höchstbetrag von 500.000,00 €, in den neuen Bundesländern und Berlin 1 Mio. €. Weitere Informationen im Internet: http://www.kfw-mittelstandsbank.de

- ERP-Eigenkapitalhilfeprogramm: Hiermit können Wachstumsinvestitionen innerhalb der ersten zwei (vier) Jahre in den alten (neuen) Bundesländern finanziert werden. Damit kann bei 15 % Eigenkapital für die Investition der Eigenkapitalanteil auf maximal 40 % der Investitionssumme, maximal jedoch 500.000,00 €, aufgestockt werden. Weitere Informationen im Internet: http://www.kfw-mittelstandsbank.de
- Weitere länderübergreifende Förderprogramme: Informationen erhalten Sie über die Förderdatenbank beim BMWA. Weitere Informationen im Internet http://www.bmwi.de
- Lokale/regionale und Landesprogramme: Informationen erhalten Sie bei IHK/HWK oder der Wirtschaftsförderung vor Ort.

Wichtige Verbände und Institutionen

Informieren Sie sich bei den jeweiligen Verbänden über besondere Zulassungsvoraussetzungen und betriebliche Rahmenbedingungen:

- IHK: http://www.ihk.de
- HWK: Zentralverband des deutschen Handwerks: http://www.zdh.de
- Berufsgenossenschaft: Hauptverband der gewerblichen Berufsgenossenschaften: http://www.hvbg.de/
- Deutsches Verbändeverzeichnis: http://www.verbaende.com
- Verbandsforum: http://www.verbandsforum.de/
- DIHT: Deutscher Industrie und Handelstag: http://www.ihk.de/
- HDE – Hauptverband des deutschen Einzelhandels: http://www.einzelhandel.de/

Weitere Informationen im Internet

- Bundesministerium für Wirtschaft und Arbeit (BMWA):
  - Softwarepaket für Existenzgründer und junge Unternehmen: http://www.bmwi-softwarepaket.de/

  - Informationsportal für Existenzgründer: http://www.bmwi.de/Navigation/existenzgruender.html
- Brutstätte e.V. – Verein zur Information von Existenzgründern: http://www.brutstaette.de/
- Gründungskatalog – Informationsportal, gefördert durch das BMWA: http://www.gruendungskatalog.de/
- Online-Kurs für Existenzgründerinnen. Ein Projekt der FH Karlsruhe. http://www.fbwi.fh-karlsruhe.de/existenzgruendung
- E-Lancer – durch das SGB Bildungswerk NRW e.V. gefördertes Informationsportal für freie Berufe in der Informationstechnologie: http://www.e-lancer-nrw.de/

5.4 Ihr Weg zu anderen Gründern

In jeder größeren Stadt existieren zahlreiche Organisationen für Existenzgründer, junge Unternehmen und beruflich Engagierte. Das jeweilige Angebot reicht vom Erfahrungsaustausch über Informationen bis zu Weiterbildungsangeboten. Schnupper- oder Gästeveranstaltung sind möglich. Hier einige Beispiele:

- Bund junger Unternehmer (BJU): http://www.bju.de
- First Tuesday (FT): http://www.firsttuesday.de
- Marketing Club (MC): http://www.marketingverband.de
- Wirtschaftsjunioren (WJ): http://www.wjd.de
- Technologie- und Gründerzentren (TGZ): http://www.adt-online.de

5.5 Zum Nachschlagen

Gesetze und Verordnungen in Kürze

Folgende Gesetze und Verordnungen wurden in diesem Buch genannt. In Klammern finden Sie den Stand der letzten Änderung.

- 2. Arbeitsmarktgesetz: 2. Gesetz für moderne Dienstleistungen am Arbeitsmarkt (23. Dezember 2002)
- BGB: Bürgerliches Gesetzbuch (24. August 2002)
- BSHG: Bundessozialhilfegesetz (1. Januar 1984)
- EStG: Einkommensteuergesetz (11. Juli 2003)
- GewO: Gewerbeordnung (11. Oktober 2002)
- GmbHG: Gesetz betreffend die Gesellschaften mit beschränkter Haftung (19. Juli 2002)
- HGB: Handelsgesetzbuch (24. August 2002)
- KFG: Gesetz zur Förderung von Kleinunternehmern und zur Verbesserung der Unternehmensfinanzierung (Kleinunternehmerförderungsgesetz – 11. Juli 2003)
- SGB: Sozialgesetzbuch (11. Juli 2003)
- UStG: Umsatzsteuergesetz (11. Juli 2003)

Gesetzliche Rahmenbedingungen

Arbeitnehmerähnliche Selbstständige: § 2 Satz SGB VI

Versicherungspflichtig sind selbstständig tätige

1. Lehrer und Erzieher, die im Zusammenhang mit ihrer selbstständigen Tätigkeit keinen versicherungspflichtigen Arbeitnehmer beschäftigen,
2. Pflegepersonen, die in der Kranken-, Wochen-, Säuglings- oder Kinderpflege tätig sind und im Zusammenhang mit ihrer selbstständigen Tätigkeit keinen versicherungspflichtigen Arbeitnehmer beschäftigen,
3. Hebammen und Entbindungspfleger,
4. Seelotsen der Reviere im Sinne des Gesetzes über das Seelotswesen,
5. Künstler und Publizisten nach näherer Bestimmung des Künstlersozialversicherungsgesetzes,
6. Hausgewerbetreibende,
7. Küstenschiffer und Küstenfischer, die zur Besatzung ihres Fahrzeuges gehören oder als Küstenfischer ohne Fahrzeug fischen und regelmäßig nicht mehr als vier versicherungspflichtige Arbeitnehmer beschäftigen,
8. Handwerker, die in die Handwerksrolle eingetragen sind, wobei Eintragungen aufgrund der Führung eines Handwerksbetriebs nach den §§ 2 bis 4 der Handwerksordnung außer Betracht bleiben; ist eine Personengesellschaft in die Handwerksrolle eingetragen, gilt als Handwerker, wer als Gesellschafter in seiner Person die Voraussetzungen für die Eintragung in die Handwerksrolle erfüllt,

9. Personen, die
   a) im Zusammenhang mit ihrer selbstständigen Tätigkeit regelmäßig keinen versicherungspflichtigen Arbeitnehmer beschäftigen, dessen Arbeitsentgelt aus diesem Beschäftigungsverhältnis regelmäßig 400 Euro im Monat übersteigt, und
   b) auf Dauer und im Wesentlichen nur für einen Auftraggeber tätig sind,
10. Personen für die Dauer des Bezugs eines Zuschusses nach § 421 l des Dritten Buches.

Nach Satz 1 Nr. 1 bis 9 ist nicht versicherungspflichtig, wer nach Satz 1 Nr. 10 versicherungspflichtig ist. Als Arbeitnehmer im Sinne des Satzes 1 Nr. 1, 2, 7 und 9 gelten
1. auch Personen, die berufliche Kenntnisse, Fertigkeiten oder Erfahrungen im Rahmen beruflicher Bildung erwerben,
2. nicht Personen, die als geringfügig Beschäftigte nach § 5 Abs. 2 Satz 2 auf die Versicherungsfreiheit verzichtet haben.

Nach Satz 1 Nr. 10 ist nicht versicherungspflichtig, wer mit der Tätigkeit, für die ein Zuschuss nach § 421 l des Dritten Buches gezahlt wird, die Voraussetzungen für die Versicherungspflicht nach dem Gesetz über die Alterssicherung der Landwirte erfüllt.

Arbeitseinkommen: § 15 SGB IV

(1) Arbeitseinkommen ist der nach den allgemeinen Gewinnermittlungsvorschriften des Einkommensteuerrechts ermittelte Gewinn aus einer selbstständigen Tätigkeit. Einkommen ist als Arbeitseinkommen zu werten, wenn es als solches nach dem Einkommensteuerrecht zu bewerten ist.

(2) Bei Landwirten, deren Gewinn aus Land- und Forstwirtschaft nach § 13a des Einkommensteuergesetzes ermittelt wird, ist als Arbeitseinkommen der sich aus § 32 Abs. 6 des Gesetzes über die Alterssicherung der Landwirte ergebende Wert anzusetzen.

Arbeitsentgelt: § 14 SGB IV

(1) Arbeitsentgelt sind alle laufenden oder einmaligen Einnahmen aus einer Beschäftigung, gleichgültig, ob ein Rechtsanspruch auf die Einnahmen besteht, unter welcher Bezeichnung oder in welcher Form sie geleistet werden und ob sie unmittelbar aus der Beschäftigung oder im Zusammenhang mit ihr erzielt werden. Arbeitsentgelt sind auch Entgeltteile, die durch Entgeltumwandlung nach § 1 Abs. 2 des Gesetzes zur Verbesserung der be-

trieblichen Altersversorgung für betriebliche Altersversorgung in den Durchführungswegen Direktzusage oder Unterstützungskasse verwendet werden. Steuerfreie Aufwandsentschädigungen und die in § 3 Nr. 26 des Einkommensteuergesetzes genannten steuerfreien Einnahmen gelten nicht als Arbeitsentgelt.

(2) Ist ein Nettoarbeitsentgelt vereinbart, gelten als Arbeitsentgelt die Einnahmen des Beschäftigten einschließlich der darauf entfallenden Steuern und der seinem gesetzlichen Anteil entsprechenden Beiträge zur Sozialversicherung und zur Arbeitsförderung. Sind bei illegalen Beschäftigungsverhältnissen Steuern und Beiträge zur Sozialversicherung und zur Arbeitsförderung nicht gezahlt worden, gilt ein Nettoarbeitsentgelt als vereinbart.

(3) Bei Verwendung eines Haushaltsschecks (§ 28a Abs. 7) gilt der ausgezahlte Betrag zuzüglich der durch Abzug vom Arbeitslohn einbehaltenen Steuern als Arbeitsentgelt.

Einnahmenüberschussrechnung: § 4 Abs. 3 EStG

Steuerpflichtige, die nicht auf Grund gesetzlicher Vorschriften verpflichtet sind, Bücher zu führen und regelmäßig Abschlüsse zu machen, und die auch keine Bücher führen und keine Abschlüsse machen, können als Gewinn den Überschuss der Betriebseinnahmen über die Betriebsausgaben ansetzen. Hierbei scheiden Betriebseinnahmen und Betriebsausgaben aus, die im Namen und für Rechnung eines anderen vereinnahmt und verausgabt werden (durchlaufende Posten). Die Vorschriften über die Absetzung für Abnutzung oder Substanzverringerung sind zu befolgen. Die Anschaffungs- oder Herstellungskosten für nicht abnutzbare Wirtschaftsgüter des Anlagevermögens sind erst im Zeitpunkt der Veräußerung oder Entnahme dieser Wirtschaftsgüter als Betriebsausgaben zu berücksichtigen. Die nicht abnutzbaren Wirtschaftsgüter des Anlagevermögens sind unter Angabe des Tages der Anschaffung oder Herstellung und der Anschaffungs- oder Herstellungskosten oder des an deren Stelle getretenen Werts in besondere, laufend zu führende Verzeichnisse aufzunehmen.

Existenzgründungszuschuss in der Einkommensteuer: § 3 Abs. 1 Nr. 2 EStG

Steuerfrei sind

1. (...)
2. das Arbeitslosengeld, das Teilarbeitslosengeld, das Kurzarbeitergeld, das Winterausfallgeld, die Arbeitslosenhilfe, der Zuschuss zum Ar-

beitsentgelt, das Übergangsgeld, das Unterhaltsgeld, die Eingliederungshilfe, das Überbrückungsgeld, der Existenzgründungszuschuss nach dem Dritten Buch Sozialgesetzbuch oder dem Arbeitsförderungsgesetz sowie das aus dem Europäischen Sozialfonds finanzierte Unterhaltsgeld und die aus Landesmitteln ergänzten Leistungen aus dem Europäischen Sozialfonds zur Aufstockung des Überbrückungsgeldes nach dem Dritten Buch Sozialgesetzbuch (...).

Ich-AG: § 426 I SGB III i. V. m. Artikel 7a KFG

(1) Arbeitnehmer, die durch Aufnahme einer selbstständigen Tätigkeit die Arbeitslosigkeit beenden, haben Anspruch auf einen monatlichen Existenzgründungszuschuss. Der Zuschuss wird geleistet, wenn der Existenzgründer

1. in einem engen Zusammenhang mit der Aufnahme der selbstständigen Tätigkeit Entgeltersatzleistungen nach diesem Buch bezogen hat oder eine Beschäftigung ausgeübt hat, die als Arbeitsbeschaffungsmaßnahme oder Strukturanpassungsmaßnahme gefördert worden ist,
2. nach Aufnahme der selbstständigen Tätigkeit Arbeitseinkommen nach § 15 des Vierten Buches erzielen wird, das voraussichtlich 25.000 Euro im Jahr nicht überschreiten wird.

(2) Der Zuschuss wird bis zu drei Jahre erbracht und wird jeweils längstens für ein Jahr bewilligt. Er beträgt im ersten Jahr nach Beendigung der Arbeitslosigkeit monatlich 600 Euro, im zweiten Jahr monatlich 360 Euro und im dritten Jahr monatlich 240 Euro. Vor einer erneuten Bewilligung des Zuschusses hat der Existenzgründer das Vorliegen der Voraussetzungen nach Absatz 1 darzulegen. Liegen die Voraussetzungen für ein Ruhen des Anspruchs bei Sperrzeit nach § 144 oder Säumniszeit nach § 145 dieses Buches vor, verkürzt sich die Dauer der Förderung entsprechend der Dauer der Sperrzeit oder der Dauer der Säumniszeit unter Berücksichtigung der bereits verstrichenen Sperr- oder Säumniszeiten.

(3) Überschreitet das Arbeitseinkommen im Jahr 25.000 Euro, so kann nach Ablauf des bewilligten Zeitraums der Zuschuss nicht mehr erbracht werden. Arbeitsentgelt nach § 14 des Vierten Buches, das im gleichen Zeitraum erzielt wird, wird bei der Ermittlung der für die Förderung maßgeblichen Obergrenze miteinbezogen.

(4) Der Zuschuss ist ausgeschlossen, wenn die Aufnahme einer selbstständigen Tätigkeit durch Überbrückungsgeld nach § 57 SGB III gefördert wird.

(5) Vom 1. Januar 2006 finden diese Regelungen nur noch dann Anwendung, wenn der Anspruch auf Förderung vor diesem Tag bestanden hat.
(6) Die Bundesanstalt für Arbeit wird ermächtigt, durch Anordnung das Nähere über Voraussetzungen, Umfang und Verfahren der Förderung zu bestimmen.

Katalogberufe: § 18 Abs. 1 Nr. 1 EStG

(1) Einkünfte aus selbstständiger Arbeit sind

1. Einkünfte aus freiberuflicher Tätigkeit. Zu der freiberuflichen Tätigkeit gehören die selbstständig ausgeübte wissenschaftliche, künstlerische, schriftstellerische, unterrichtende oder erzieherische Tätigkeit, die selbstständige Berufstätigkeit der Ärzte, Zahnärzte, Tierärzte, Rechtsanwälte, Notare, Patentanwälte, Vermessungsingenieure, Ingenieure, Architekten, Handelschemiker, Wirtschaftsprüfer, Steuerberater, beratenden Volks- und Betriebswirte, vereidigten Buchprüfer (vereidigten Bücherrevisoren), Steuerbevollmächtigten, Heilpraktiker, Dentisten, Krankengymnasten, Journalisten, Bildberichterstatter, Dolmetscher, Übersetzer, Lotsen und ähnlicher Berufe. Ein Angehöriger eines freien Berufs im Sinne der Sätze 1 und 2 ist auch dann freiberuflich tätig, wenn er sich der Mithilfe fachlich vorgebildeter Arbeitskräfte bedient; Voraussetzung ist, dass er auf Grund eigener Fachkenntnisse leitend und eigenverantwortlich tätig wird. Eine Vertretung im Fall vorübergehender Verhinderung steht der Annahme einer leitenden und eigenverantwortlichen Tätigkeit nicht entgegen ...

Weiterführende Literaturhinweise

Wehling, Detlef (Hrsg.): Handbuch für Existenzgründer. Berlin 2002: Alle wesentlichen, für eine Existenzgründung notwendigen Entscheidungsparameter werden ausführlich erörtert. Das Buch bietet auf einer zusätzlichen CD-Rom eine Vielzahl an Checklisten.

Steuck, Joachim W.: Businessplan. Berlin 1999: Schritt für Schritt wird die Erstellung umfassender Businesspläne für größere Gründungsvorhaben erörtert. Hier finden Sie Vertiefungen zu den Abschnitten 3 und 4 dieses Buches.

Teisman/Birker, Klaus (Hrsg.): Handbuch Praktische Betriebswirtschaft. 4. Aufl., Berlin 2002: Dieses Handbuch bietet für eine Vielzahl betriebswirtschaftlicher Entscheidungen einen fundierten Überblick und ist als umfassendes Nachschlagewerk zu benutzen. Besonderes hervorzuheben ist der praktische Bezug zum Wirtschaftsrecht.

Sattler, Ralf R.: Unternehmerisch denken lernen. 2. Aufl. München 2003: In einem kompakten Überblick werden die zentralen Größen der Betriebswirtschaft für Nichtfachleute erörtert. Nach der Lektüre fällt das Verständnis von Bilanzen, Gewinn- und Verlustrechnung oder die betriebswirtschaftliche Auswertung leicht.

Gieschen, Gerhard: Wie junge Unternehmen Krisen bewältigen können. Berlin 2003: Dieses Buch ist nicht erst in der Krise notwendig. Es liefert wertvolle Hinweise für eine effiziente Unternehmensführung, um Krisenfaktoren frühzeitig zu erkennen und geeignete Wege zur Abwendung einzuschlagen. Insbesondere Nichtfachleuten ist die Lektüre zu empfehlen.

Dietrich, Cornelia: Rhetorik. Berlin 2003: Hier erhalten Sie in einem kompakten Überblick wertvolle Hinweise zur Formulierung, Gestik und Mimik für Präsentationen.

Abkürzungen

AfA: Absetzung für Abnutzung
AG: Aktiengesellschaft
ArbG: Arbeitgeber
ArbN: Arbeitnehmer
BA: Bundesagentur für Arbeit
BAFA: Bundesamt für Wirtschaft und Ausfuhrkontrolle
BDI: Bundesverband der Industrie
BdSt: Bund der Steuerzahler
BMF: Bundesfinanzministerium
BMWA: Bundesministerium für Wirtschaft und Arbeit
BSHG: Bundessozialhilfegesetz
BWA: Betriebswirtschaftliche Auswertung
CB: Corporate Behaviour
CC: Corporate Communication
CD: Corporate Design
CI: Corporate Identity
CWG: Chemnitzer Wirtschaftswissenschaftliche Gesellschaft
DIHT: Deutscher Industrie- und Handelstag
DtA: Deutsche Ausgleichsbank
ERP: Enterprise Resource Planning
ESF: Europäischer Sozialfonds
EStG: Einkommensteuergesetz
GbR: Gesellschaft bürgerlichen Rechts
GewO: Gewerbeordnung
GKV: Gesetzliche Krankenversicherung
GmbH: Gesellschaft mit beschränkter Haftung
GPV: Gesetzliche Pflegeversicherung
GRV: Gesetzliche Rentenversicherung
HDE: Hauptverband des deutschen Einzelhandels
HWK: Handwerkskammer
IfM: Institut für Mittelstandsforschung
IHK: Industrie- und Handelskammer
KFG: Kleinunternehmerförderungsgesetz
KfW: Kreditanstalt für Wiederaufbau
KG: Kommanditgesellschaft
KMU: Kleine und mittelständische Unternehmen
OHG: Offene Handelsgesellschaft
PartG: Partnergesellschaft
SGB: Sozialgesetzbuch
TGZ: Technologie- und Gründerzentren
USP: Unique Selling Proposition
UStG: Umsatzsteuergesetz

Stichwortverzeichnis

Nickel Consulting

www.2nc.de
Beratung | Bildung | Begleitung

Sylvia Nickel, Diplom-Ökonom, ist seit 1992 als Unternehmensberater, Trainer und Coach tätig.

Die Beratungs- und Trainingsschwerpunkte liegen in der marktorientierten Organisation von Funktionen und Prozessen klein- und mittelständischer Unternehmen in allen Unternehmensphasen – von Gründung und Wachstum bis zur Krise bzw. Konsolidierung.

Auf der Grundlage der Erfahrung als Gesellschafter-Geschäftsführer – vom Immobilienbereich bis zur interdisziplinären Beratungsgesellschaft – begleitet Sylvia Nickel nach der Maßgabe des Grundsatzes: Strukturieren, Formulieren, Kommunizieren.

Interdisziplinarität ist Handlungsmaxime: Nickel Consulting arbeitet in einem Netzwerk unabhängiger Berater aus Kommunikation, Medien, Recht und Betriebswirtschaft.

Online oder Offline: Die Leistungen verstehen sich als Dienstleistungen für das Management.